RECUEIL NOUVEAU

DE

VIEUX NOELS INÉDITS

EN PATOIS DE LA MEURTHE RT DES VOSGES

PAR

LOUIS JOUVE

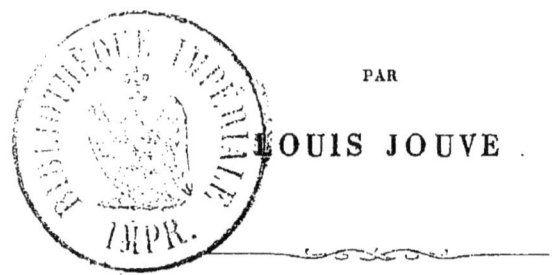

Les Noëls ont été, pendant plusieurs siècles, une des sources les plus vives de la littérature populaire. Si aujourd'hui la veine est épuisée (et elle devait l'être, parce que la simplicité du sujet, toujours le même, ne permet que la variété de l'expression), il est encore des familles, des villages, des bourgs où ces vieux chants sacrés n'ont cessé d'être en honneur.

Autrefois, que dis-je, c'était encore dans notre enfance, la plupart des fêtes religieuses ou de famille avaient presque conservé leur ancien caractère patriarcal. Les grands parents, réchauffés par la présence d'une vive et nombreuse jeunesse, se faisaient le foyer de la gaîté ; ils donnaient l'entrain et présidaient eux-mêmes à tous les mouvements de ces générations nouvelles, doux rejetons rangés autour d'eux avec un respect plutôt plein de joyeuse tendresse que d'austère gravité. Aujourd'hui tout est froid, quoique bruyant ; tout est confus, sans dignité et sans charmes dans ces réunions que nos souvenirs enfantins nous font apparaître sous un aimable aspect. Le bruit a remplacé la gaîté sans fard ; la naïveté, la simplicité primitive des mœurs ont fui devant un tumulte sans raison, devant la licence même. La Noël, la fête des Rois, la fête de Pâques, dans nos petites villes, ne sont plus guère que des traditions ou des habitudes qui s'effacent comme les figures des vieilles monnaies ; ce ne sont plus que des occasions de ripaille pour la plupart du temps, et il faudrait aller assez loin dans la campagne pour retrouver le caractère simple et franc de ces réunions, où la religion et les sentiments de famille en faisaient quelque chose de touchant et de vraiment gai.

Le soir, après le souper, quand les divers membres de la famille se trouvaient réunis, soit autour de l'âtre dans la vaste cuisine, soit autour du grand poêle de la salle commune, l'aïeul ou le père entonnait gravement un premier cantique et chacun l'accompagnait avec un sentiment religieux qu'on ne retrouve plus dans de pareilles circonstances. Quel bonheur de mêler sa voix à ce chœur de famille sans prétention ! Qu'on aimait ces tons mineurs, dolents ou joyeux, des vieux airs de Noël ! On se passionnait pour cette musique si simple qu'on ne savait pas avoir été jadis composée pour des chansons quelque peu gaillardes. Mais l'histoire touchait peu ces pieux chanteurs, qui jouissaient de plein cœur et sans arrière-pensée des petits drames qui se passent entre

Joseph et Marie, entre l'ange et les bergers, entre les bergers et les rois. Allure franche de la musique, vive peinture des choses en traits un peu rudes, tels sont les Noëls.

Puis venait la messe de minuit avec la foule bruyante à la porte, avec les cierges éclatants dans la nuit et les ronflements magiques de l'orgue qui répétait les mélodies populaires à la sortie ; puis enfin le joyeux *recinon* où l'on faisait souvent succéder la gaudriole au commentaire religieux. Le vin blanc aux reflets d'or, la saucisse brûlante étalée en spirale sur un monstrueux plat de choux, les chandelles fumeuses laissant une ombre profonde dans la grande salle, les rires et le laisser-aller de chaque convive, quel tableau pour un peintre ami, comme Jordaens, des grosses réalités et, comme Rembrandt, des pittoresques effets de lumière dans la nuit !

Tous ces souvenirs si purs de l'enfance sont profondément gravés dans notre mémoire. Aussi les cantiques de Noël ont eu particulièrement notre attention. Nous les avons étudiés dans leur origine, dans leur histoire encore peu et mal connue, dans leurs idées et dans l'expression des mœurs aux différentes époques où ils ont été composés ; nous en ferons l'objet d'un travail particulier. Il suffira ici de dire un mot général sur l'histoire encore mal débrouillée de cette poésie populaire.

Les écrivains s'en sont tenus jusqu'ici, pour nous la faire connaître, à une vieille note manuscrite de l'abbé Rives, qui cite un certain Bodoin comme un des premiers compositeurs de Noëls sur des airs de Josquin Desprès, organiste de Charles IX. Cette note est aujourd'hui sans valeur, car on connaît un recueil de Noëls qui date de 1520. Mais il faut encore remonter plus haut, jusqu'au xiiie siècle. Le *Noël* anglo-normand que nous avons de cette époque ne chante que le vin et la bonne chère, il est vrai ; mais c'est que le 25 décembre était le premier jour de l'année civile et qu'en Angleterre les trouvères ou les jongleurs laissaient absorber leurs facultés par le plaisir et la bombance, comme les grossiers viveurs auxquels ils s'adressaient.

Ce qui nous prouve qu'en France les Noëls religieux existaient au moins au xve siècle, ce sont les Mystères de l'Incarnation ou de la Nativité, dans lesquels les bergers adorent à leur façon l'enfant Jésus et lui chantent des couplets dans le genre de ceux qu'on rencontre dans tous les recueils de Noëls ; nous y retrouvons, transportés sur la scène, les mêmes dialogues entre l'ange et les bergers, entre les bergers et les rois. L'Eglise elle-même se prêtait, le jour de cette fête, à des représentations scéniques ; il y avait une étable ; on y voyait le bœuf, l'âne, le foin. Le mystique saint François, quand il prêchait ce jour-là, bêlait comme un mouton en prononçant Béthléem, et quand il nommait Jésus, il léchait en quelque sorte ses lèvres de sa langue[1].

Le peuple, qui voyait dans la Nativité de Jésus la fin de ses misères et y trouvait tout un drame, où il jouait un des premiers rôles, se passionna pour les cantiques de Noël. Et ce qui montre combien l'Eglise les favorisait, c'est que le premier recueil que nous connaissions, imprimé en 1520, est fait par un prêtre, Lucas le Moygne, curé de Saint-Georges du Puy-de-la-Garde en Poitou, et

---

1. More balantis ovis *Bethleem* dicens ;..... et labia sua, cùm Jesum nominaret, quasi lingebat linguâ. (Vie de Saint-François par Saint-Bonaventure.)

qu'après lui ou vers le même temps c'est un organiste, Daniel, c'est un prêtre, Crestot, c'est un autre organiste d'Angers, Laurent Roux, qui écrivirent pour le peuple, quelquefois même en patois, ces Noëls si naïfs que nous lisons encore dans presque toutes les éditions modernes, tels que ceux qui commencent par ces vers :

> A la venuë de Noël.
> Chantons, je vous en prie.
> Laissez paître vos bêtes.
> Noël, pour l'amour de Marie.
> Joseph est bien marié.
> O nuit, heureuse nuit.
> Une jeune pucelle.
> Les Bourgeoises de Chartres, etc.

Ils sont encore chantés au bout de 300 ans, tandis que ceux que composèrent des lettrés, comme le *Conte d'Alsinois* (anagramme de Nicolas Denisot) en 1553, Martin, musicien à Saint-Jean-de-Maurienne, en 1556, et Tours au Mans, en 1579, sont restés dans l'oubli ; leur élégance prétentieuse, sans vigueur, et l'abstraction des idées ne pouvaient les rendre populaires. Nous en avons l'exemple dans la Lorraine qui, avec ses mœurs plus primitives et patriarcales, a conservé les premiers plus longtemps que d'autres provinces ne l'ont fait.

Mais notre pays n'a pas toujours vécu d'emprunt. S'il chante encore des Noëls du XVIᵉ siècle, reproduits par toutes les presses de la Meurthe et des Vosges, il en a composé aussi dans son vieux patois qui jouissent d'une juste popularité. De ceux-là, nous en avons fait une édition particulière en 1864[1]. Nous en avons restitué le

---

1. NOELS PATOIS anciens et nouveaux, chantés dans la Meurthe et dans les Vosges, recueillis, corrigés et annotés par L. Jouve. — Paris, Didot, frères.

texte, corrompu par la négligence des imprimeurs jusqu'au point d'être illisible. Ils n'ont pas une moindre valeur que ceux des Le Moygne, des Daniel et des Crestot. Ce sont les mêmes idées rendues avec la même naïveté rustique. Les bergers de la Lorraine ne diffèrent guère de ceux du Poitou que par la langue ; on se croirait encore dans le même siècle ; telle foi, tels sentiments telles expressions[1].

Depuis cette publication, dont il ne nous appartient pas de dire le succès près des philologues, nous avons découvert des Noëls inédits du siècle dernier en patois de différentes régions de la Lorraine. Les idées qu'ils expriment tournent sans doute dans le même cercle, mais avec une variété de forme presque inépuisable, comme les arabesques de l'ornementation architecturale des Maures. On pourra aussi trouver de la grossièreté dans les traits et de la trivialité dans le langage. Le peuple n'est point lettré ; être de sentiment et de passion plutôt que de raison, il se montre rude, mais naturel et vrai, et dans l'expression spontanée de sa pensée, il ne connait pas le langage de convention ; toujours semblable en cela à nos pères du moyen âge, s'il n'a pas tout l'esprit gaulois, il en conserve du moins des traces.

Pour expliquer cette contradiction apparente de l'union de la piété du cœur avec la grossièreté du langage, nous ne pouvons mieux faire que de citer ce passage de l'aver-

---

1. Parmi les noëls d'origine lorraine, il n'y en a qu'un petit nombre qui soient écrits en français et qui expriment les mœurs et l'esprit de la Lorraine. Nous ne savons s'il faut y ranger ceux que renferme l'ouvrage suivant que nous n'avons pu nous procurer : *Noëls et cantiques nouveaux*, par le sieur *Guiton*, procureur au bailliage de *Metz*, 1732.

tissement que M. le baron Jérôme Pichon a mis en tête de la réimpression des Noëls du curé Lucas le Moygne :

« Quand on lit ces livres faits avec de si bonnes intentions, on a peine à s'expliquer ce singulier mélange de piété vive et sincère et ces manières cavalières de traiter ce qu'il y a de plus saint et de plus respectable au monde, et l'on est tenté d'y voir quelquefois d'affreuses impiétés. Cependant pour qui a étudié à fond l'ancienne France, ce mélange est moins surprenant. La religion, chez nos ancêtres, était surtout une affaire de cœur, et comme ils sentaient qu'ils aimaient parfaitement Dieu, l'idée de l'Être-Suprême éveillait plutôt chez eux la joie et le bonheur que la crainte ; ils se sentaient à l'aise en face de lui : de là ce laisser-aller qui nous étonne tant aujourd'hui...... C'est de la grossièreté, si l'on veut, mais c'est au moins de la ferveur et du naturel. »

Les vieux Noëls lorrains qui suivent ne sont pas seulement un nouveau témoignage de l'esprit et des mœurs de nos pères ; ils offrent encore, nous le croyons, un intérêt incontestable pour les études philologiques, car il y a des pièces d'un patois sur lequel il n'avait encore rien été publié, celui des environs de Vic. Dans l'étude de nos vieux idiomes rustiques, la Lorraine est en retard sur les autres provinces, il faut bien le dire ; elle n'est pas riche en travaux philologiques de cette nature. Oberlin, pour le Ban-de-la-Roche, M. Cordier, pour la Meuse, voilà tout ce que nous pouvons offrir à la science[1]. La littérature est plus riche sans doute, et encore est-ce le seul

1. Notre *Coup d'œil sur les patois vosgiens* est le seul ouvrage général de ce genre pour les Vosges.

patois de Metz qui jusqu'ici a fourni la plus belle part[1]. La Meurthe et les Vosges commencent cependant à faire connaître les monuments de leur littérature patoise. Déjà M. l'abbé Marchal, avec un zèle bien louable, a publié un grand nombre de chants populaires où le patois de la Meurthe abonde. Pour les Vosges, outre ce que nous avons déjà donné, outre nos Noëls, nous espérons pouvoir bientôt faire paraître un recueil considérable de pièces patoises, écrites avec soin par nous sous la dictée des gens de la campagne, ou par des amis à qui nos études plaisent et qui veulent bien nous aider dans nos recherches ; ce sont des chansons, des satires, des poésies diverses, des contes, des anecdotes, des scènes dialoguées, qui font pénétrer dans les mœurs et dans le caractère de la population.

Les dix-sept Noëls qui sont ici appartiennent aux patois des environs de Vic (Meurthe), de Lunéville, de Charmes et de Gérardmer.

Les treize premiers sont tirés d'un manuscrit que nous avons acquis de M. Busy, antiquaire à Epinal. Ce volume, écrit de la main même d'un des auteurs, MM. Thiriet, frères, de Vic, porte la date de 1785. Il renferme quatre-vingts Noëls, y compris les treize en patois. Nous ne savons si c'est la Révolution, qui, en dirigeant les esprits vers un autre courant moins pacifique, en a empêché la publication. Ils méritaient d'être populaires. Les Noëls patois paraissent toutefois avoir été répandus, car M. Grosjean, organiste à Saint-Dié, en a recueilli quelques fragments. Ils n'appartiennent pas tous au patois

---

1. Voir la *Bibliographie du patois lorrain* dans les *Mémoires de la Société d'Archéologie lorraine*, 2e série, VIIIe vol.

du même canton. On y reconnaîtra des nuances sensibles, des variétés dont la classification est impossible pour celui qui n'habite pas le pays.

Les deux suivants ont été copiés pour nous, dans un manuscrit plus ancien encore, par M. Ballon, d'Epinal, infatigable et savant collectionneur, qui prépare depuis longtemps des travaux curieux et tout nouveaux sur les Vosges. Ici il n'y a pas de noms d'auteur. Les Noëls qui figurent dans ce manuscrit sont de toute provenance ; le copiste semble n'avoir voulu faire qu'un simple recueil. Ceux que nous donnons sont du patois de Lunéville ; ils appartiennent à cette catégorie de chants où l'auteur ne se sert du cadre du cantique sacré que pour mettre en scène les personnages d'une localité. Nous en avons un exemple dans le Noël lorrain *Bourgeoisie de Nancy*. C'est le prêtre Crestot, du xvie siècle, qui a introduit ce genre dans celui qui commence ainsi : *Les Bourgeoises de Chartres*.

Les deux derniers sont des Vosges. Celui qui est en patois de Gérardmer n'est pas inédit ; il a été publié par M. Richard dans le tome IVe de la 2e série des *Mémoires de la Société des Antiquaires de France ;* mais le texte en est si défiguré, qu'un paysan de ce canton n'y comprendrait presque rien. C'est sur les lieux mêmes que nous nous sommes assurés de la correction de notre texte.

A la suite de ces Noëls, nous donnons, pour l'explication des termes, un simple glossaire.

Enfin nous avons regardé comme un complément nécessaire de cette publication la notation musicale des airs que nous avons pu trouver.

PRONONCIATION ET ORTHOGRAPHE

Nous avons pris pour règle de notre orthographe de lui faire représenter, aussi exactement que possible, la prononciation de l'idiome, sans avoir égard à la ressemblance ou à l'analogie avec le français. Cette méthode, qui emploie toujours le même signe pour le même son, tend à se généraliser et sera sans doute bientôt adoptée par tous les linguistes patoisants d'une manière uniforme, parce qu'elle a l'avantage d'exprimer aux yeux et aux oreilles le génie local de la prononciation et surtout de faciliter les recherches et les comparaisons. Nous n'avons pas hésité à nous en servir dès nos premières publications en patois. Quelle que soit la difficulté de peindre ainsi le son aux yeux, et malgré notre imperfection, nous croyons être sur la véritable voie, et nous ne saurions trop engager tous ceux qui écrivent les patois à suivre cette méthode, qui en rend l'étude plus facile.

Nous n'ajouterons que quelques observations sur des sons ou des lettres dont l'emploi n'est pas familier à tous.

Toutes les lettres se prononcent.

H est toujours aspirée, comme en français.

Hh (double) représente un son chuintant intermédiaire entre j et ch. Hoù (prononcez comme *houe* en français), *crie*; hhoù, *essuie*.

In est une nasale qui n'appartient qu'à une partie des patois de l'Est de la France. Nous représentons le son français *in* par *ain*; *ien* conserve la prononciation française.

Y a le rôle de consonne dans notre patois :

1º Il s'unit avec la voyelle qui suit et jamais avec celle qui précède : crâ-yan, voi-yin, ô-yi, particu-yi.

2º Placé après une consonne, il sert à lui donner un son mouillé, comme en français *i*, devant *ll*, les transforme en une consonne d'une valeur différente : *Réchâfyi, rouétyi, envyi, èbâbyi*. Presque toutes les consonnes de nos patois se mouillent.

Oua, oué, oé ne forment qu'une syllabe, comme diphthongue ; on glisse légèrement sur *ou* et *o*.

La lettre ö représente un son intermédiaire entre l'*a* et l'*o*[1].

È est un è ouvert bref et se prononce comme en français *et*.

É se prononce toujours comme dans *santé*.

An représente *toutes les nasales* de ce son.

L'apostrophe suppose un *e* muet ; il faut toujours faire sonner la consonne qui la précède.

---

1. Nous aurions voulu représenter ce son par un *o* surmonté d'un accent grave, mais l'imprimerie française n'a pas ce caractère.

PATOIS DES ENVIRONS DE VIC.

I

Un ange et les bergers

Sur l'air : Charmante Gabrielle

UN BERGER

Colé, òy'-te les ainche
Que chanton émèheu ;
An l'air à d'su d'nô grainche?
Qu'ass' qui fon lè l'paneu ?
J'crò qu'i mouènon lè danse.
    Qu'i son jàyou !
S'j'avò maique essé d'chance
    D'éte avo zou.

UN ANGE

Soyez dans l'allégresse,
Bergers de ces hameaux.
Un Dieu plein de tendresse
Vient soulager vos maux.
Allez voir ce bon maître
    Qui, près d'ici,
Pour vous sauver vient naître
    Dans le souci.

LES BERGERS

Ma fri, j'àtan tro pòre,
J'atan tro doug'nii.

Po q' j'osinsse alé vore
Lo prince di péyi.
J'érin dé co d'bouréte,
    È non d'chèpé,
Dé soudair que fon ouète
    An son chèté.

L'ANGE

Bergers, votre messie
N'est point né comme un roi,
Mais dans une écurie,
En très grand désarroi.
Pour tirer de l'abîme
    L'homme pécheur,
Il s'est fait sa victime
    Et son sauveur.

LES BERGERS

Gran meurci don d'vot'pouéne,
Ainche mou compiéhan.
Colich', revàye Antouéne,
Po q' j'alinss' vor l'afan.
Fà d'mouéré toç', Agneusse,
    D'cont' nò mouton,
D'peur q'lo lou n'lè trâgneusse,
    Pandan q' j'anvron.

LES BERGERS, *à Jésus*

Afan mou charitàpe,
Qu'é déhondu di ci
Po nos àt' misérápe,
J'vo d'han bin gran meurci.

J'n'atan q'dé jan d'vilége,
 Dé pèturé,
Que v'non vo rante omége
 È v's èdouré.

II

Départ des bergers

Sur l'air : *Sur les Gazons*

 Qu'ass'que j'ouè, Chan,
  Qu'a si r'luhan
È que s'an vin dro è nos âte ?
Céq' je trambye comm' eun' fouyatte.
Sàvon-no tortu dan lo bò ;
 On vé no côpè l'cò.
Hày' don ! i fà qu'chéquin s'èprète.
Ranmouènon nò berbi chin no ;
Ne roblian-me not' bourate,
 Ne léhan rin di to.   (*bis.*)

 Mé couh'-te ; di,
  Te pé l'espri.
Ç'a des ainche de not' bon Dée
Que son d'handu an grante ermée.
Oy'-te bin com' qu'i son jàyou,
 Comme i chanton teurtou !
T' n'avò-m' ràhon d'ète èlermée.
A contrair' j'àtan bineurou.
Mè val Bahtin avo sè fée
 Que cason avo zou.   (*bis.*)

  É-t' bin r'teni
  Ç'ou que 'l on di?
'lon di anlè qu'eun' bécelate
Avo-t écouchi, san couchate,
D'in afan qu'a rò di péyi
  An l'étâp' de *Fays*;
Q'ç'a cilè q'vin péyi nò date
È no fàre antré dans lo cî,
Que panré su lu to nò fàte,
  Que s'rè not' bon émi.   (*bis.*)

  Alan coran
  Po vor l'Afan.
Poquian li ienn' de nò bocatte,
Ica eun' pair' de nò pouyatte.
Diàdin, te bey'ré in égné,
  È Bahtin in vé.
Fà lâyi toce tante Agathe,
Po ouégné à poin lo tropé.
Hày'don, Bibi, sré-t' bintò pràte?
  Pouré-t' no rètrèpé.   (*bis.*)

III

Troupe de bergers et de bergères

Se préparant à aller adorer le Messie

Sur l'air : *Déesse de Cythère*

Boinjo don, hé! cousine.
Vieu-t'veni aveu no?
Porquè que t'fé lè mine
È que t'no teun' lo dò?

Se t'séveu lè novelle
Que no ran si contan,   } bis
Te no lê freu pu belle
È te rouétreu lé jan.

LA COUSINE

V'eu bien éhieu de rire.
Je sè bien q'vos aleu
Au fehtien don Janpire,
Que v's alleu bien dansieu.
Me, que j'su sè parante,
I n'm'an pél' me di to.   } bis
J'an su si maucontente
Q'j'an cri ou gran di jo.

LES BERGERS

J'alan veur lo Meussie
Qu'è v'ni au mond' paneu,
Dan cun' pòr bergerie
Doù qu'i-n' i fé mou freu.
J'li eptan d'lè fèrine;
Dou lacé qu'a jè cu,   } bis
In pota de crèm' fine
È dés ieu frah' ponu.

Ç'a cun' mayou èférc
Que d'alé au fehtien.
N'at' me hontouz' de braire
È d'fair' lè min' po rien ?
Alon, hày', hhoù té lerme;
Ma coran in d'vantré.   } bis
A savou pien de cherme,
Qu'ass' que t'li vé epté ?

LA BERGÈRE

Ne m'en fié-v' me récreure?
Ass' bien vré torto slè?
J'lo vieu bien alé veure ;
Mé ouasqu'a l'étap'lè ?
Quiasque v's è étu dire
Q'lo Meussie ateu vni?   } bis
Deheu-m', n'as'me po rire
È po v'bien diverti ?

LES BERGERS

Ç'a l'Ainge Gabrièle
Qu'è vni dou firmaman
No répanr' lè novèle,
I n'i è oué lontan :
« Aleu coran an héte
« Aleu, nos é-t-i di ;   } bis.
« Aleu veur vot' chir méte
« An l'étâp' de Jordi.

LA BERGÈRE

Ètandeu-m' eun' miate ;
Je vé me rétrihhieu
È panre eune meuchate
Èfin de li bèyeu.
Je n'vieu-m' comme eun' nitrouse
Me presanté d'vant lu ;   } bis.
È je sereu hontouse
D'i alé com' que j'su.

2

IV

Les bergers s'apprêtent à partir

Sur l'air : La Bourbonnaise

Gâhhon, bécelle, } bis
Èprâteu-v' coran ;
Eprâteu-v' coran,
  Gâhhon, bécelle ;
Eprâteu-v' coran,
  Po veur l'Afan.

Val Gabrièle } bis
Que s'en vé davan,
Que s'en vé davan
  Veur lè pucelle,
Que s'en vé davan
  Po veur l'Afan.

Mè nô pòr bête, } bis
Quiasque lè ouègrè,
Quiasque lè ouègrè
  Pandan lè fête ?
Quiasque lè ouègrè
  Quan j'sron pâlè ?

Ç's'rè lè darère } bis
Ou bin lo daré,
Ce s'rè lo daré
  Ou lè darère,
Que touchr'rè l'slèlhè,
Di mé keum'bé.

Je n' su-m' corée } bis
Po cor si lontan.
Por co si lontan
  Je su hodée.
Je su è hâ van;
  Fian àtreman.

Fian dé beuchate } bis
Èpeu an tir'rè;
Epeu an tir'rè;
  Lè pu pequiate
Lo tropé ouégrè,
  Quan j's'ron pâlè.

T'é lè pu cohe, } bis
Madmoisell' Mérion;
Madmoisell' Mérion,
  T'é lè pu cohe.
T'ouégrè lè mâhon,
  Mè pòr' Mérion.

Mé q'j'erveninsse, } bis
T'lo vré veur asseu;
T'lo vré veur asseu;
  Mé q'j'erveninsse,
T'lo vré veur asseu,
  Mé to per teu.

Hây'don, Dom'nique. } bis.
Te hétrè-t' trouan?
Te hétrè-t', trouan?
  Cout' lè musique,
Que joù d'cont' l'Afan;
  Hét'-te, trouan.

V

Adoration des bergers

Sur l'air : *Des simples jeux de son enfance,*
ou : *Je viens te voir, charmante Lise*

Je vnan po v' vor, not' chir méte ;
Je layan tortu nò tropé,
È j'avan vni en si gran héte
Que je n'sérin casi pélé.
Quan je v'voiyan dan eune crèche,
J'n'osan pu no piaint' de nò mà.
Ve d'hé bin meu que çò q'no prèche
Qu'i fà souffri lo frò et l'chà.

An n'nos è poin di de mantréye ;
J'ouéyan estour que ç'a bin vrai,
Que d'dan eune étape ébouléye
Je treuvarin not' Déy' que brai.
Je r'conahhan qu'v'at' lo Meussie,
Que v' vné tosse po no sàvé,
È que ç'a vo qu'lè proufécie
Nos è premi, nos è pélé.

J'vos apoquian cou q'j'an d'pu chire,
È j'osan v's an faire in presan.
Mé j'n'ata-m' hontou de v'lo dire,
Ç'n'a qu'in mòr' presan de pòr jan.
J'n'avan q'nò berbi è nò chive
Po to beutin, po to trèsor.
Lè riche et lè grò no méprihe ;
I n'no rouéto-m' ; mé 'lon bin tor.

Je savan bin q'v'até lo màte
Di ci, d'lè terre è de l'anfé,
Que ve n' nahhè dan eune étape
Qu'èfin de no tortu rèch'té.
I n'to qu'è vo de vni à monde
Dan in chèté, eun' bel màhon ;
Mé v'féte slé po no confonde
È no fair vor que j'n'o-m' ràhon.

S'j'an di chégrin, se j'an d'lè pouéne,
Se j'junan, s'j'atan mà couchi,
Se je n'mainjan q' di pain d'aouéne
È s'j'atan tortu bin mà fti,
N'dovan-j'me, aleu d'nos an piainte,
Supoquié slè po l'amou d'vo.
Ç'o lo drô ch'min d'lè cité sainte ;
Fà l'hheure po ièle eurou tojo.

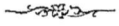

VI

Adoration d'un berger

Sur l'air : *Je viens te voir, charmante Lise*

Torto lé hégué di vilége
M'on chéhi de v'fair' compyiman.
Po in gròssi, ç'a mou d'ouvrége ;
Ca, ma fri, je n'su ouai savan.
Je n'sé què rapoute et que dire
È not' monsu, è not' curé ;
Vo, que v's àté bin eun àt' sire,
N'impòt', je pélrai com' que j'sé.

A nom d'tortu je v's ermeurcie
D'aouè vni à monte ajegueu,
Po ièt' not' sàvou, not Meussie,
Po no rant' tortu bineureu.
San vo, j'érin étu à diâle
Dan sé foné po to jèmé,
Que son hhâfi pu chà qu'in pàle,
Po no peuni de nô meufé.

V's avé èvu mou d'compiéhance
D'nos aouè anvyi Gabriel
Que no fiè eun' grante curvérance,
Com' s'l atòzar in pia môrtel,
Q'nos ansagnè lè môre étàpe
Q'vos avé pri po lojeman,
Q'no d'hé q'v'atin mou miséràpe,
Q'n'avi-m' in doub' tan seuleman.

J'su bin pu eurou q'lo ro d'France,
Pu fortuné que l'amperou.
Oh ! sapristi, que j'é don d'chance
De pélé è not' bon sàvou !

Val in égné, val eun' bocate
Que j'vo béyan ant' no tortu,
Ça in pò d'ol' dan eun' bourate.
Tné bon, Mèrie ; ç'a po Jésu.

VII

Récit du berger Martin

Sur l'air : *Nous sommes trois souverains*

UN BERGER

D'oùs'que v'devneu an si gran bante
   Da lo métin ?
V'ate dedan eun' jòy' mou grante,
   Surtou Mertin.
Erèteu-v' don san pu déhi
   Et éperneu-me
Çou que v's è si fò èbabyi.
   Héteu-v', ess' me lo d'heume.

MARTIN

Je dreminzar ancont' lé hàye
   On hà d'Mayè.
Val in gran bru è nos aràye.
   Q'no révàyè.
Ç'àtòzar des ainche de Dù
   Eun' compégnie,
Qu'atin assi r'luhan q'dou fù
   Et que mouénin lè vie.

I chantin in mou bé cantique
   Tortu an l'air.
Quan l'aveuhh fini zout' musique,
   'l àtò ja tair.
J'érin vlu iét' bin lon tortu.
   Coliche, Antouéne
Atinzar com' des estatu
   Tan 'l àtinzar an pouéne.

Ne val-t-i-m' q'lo mét' de zout' bante
S'an vnè d'cont' no.
Val beune eun' pu grosse apovante
Q'lo preméy' co.
Je fouïnzar tortu d'tolè,
Ica Fidèle.
Nò mouton s'rin d'mouéré palè
San aouè d'santinèle.

Ma j'avan ertoné beun' vite,
Quan j'an su d'lu
Que dan lè grainche de Merguite
Lo fe de Dù
Atòzar né depeu méneu
Po to nos àte,
È q' c' atòzar dan in sfé leu
Qui soufreu po nò fàte.

Quan j'oyeuhh dé si bon' novéle
Dé bineurou,
Ome, afan, gahhon et bécèle,
J'ateuhh jàyou.
Astò j'avan tortu tiri
È le beuchate,
Po qu'inq ouadeuss' nò pòr berbi.
Jéque é èvu lè p'quiate.

Quan j'feuhh èrivè dan lè grainche
To èhhofyi,
J'no treuveuhh ca bin pu ètrainche,
Pu èbabyi.
J'lo prieuhh tar beun' dévot'man
Ica sè mére ;

J'li bèyeuhh dé pucin brah'man
È dés ù d'not jeun'lére.

As'que j'n'ò-me èvu essè d'chance
Po no r'jaï?
J'alan tortu no mate an danse
Jusqu'è midi.
J'n'avan pu bsan d'no chègriné,
J'an vu l'Meussie,
Que vin po no rant' fòrtuné
È no r'bèyi lè vie.

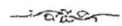

VIII

Adoration des bergers

Sur l'air : *Réveillez-vous, belle endormie*

Bonjo don, not' sàvou, not' méte !
Bonjo, l'pu janti des afan.
Po v'vor j'an vni an si gran héte
Q'j'an làyi nò tropé à chan.

Cè no fé tortu béco d'pouéne
De v'vor couchi aucoute in bù,
D'su eun' pougni de train d'aouéne,
San picumon, san ridià, san fù.

Mé ve fiè slè po nos épanre
Coman qu'on ouaign' lo pèrèdi
È q'çòs' que n'vourò-m' lo companre
È to jèmè seron màdi.

Se je n'mainjan q'di pain d'févate,
È s'nò rocha son piein d'péqueu,

Je satisféyon po nò date
Bin atreman q'lé grò monsieu.

Mé po slè i fà que j'merchinsse
Mou drò, san jèmé trabouchi,
È qu'é meuchan je pardoninsse
Tou tor, sans jèmé no fàchi.

J'atinzar tortu dé bourique
D'poqué anvie é grò richér.
Ca lé piéhi dé gran perrique
Maton zout' salu è hèzér.

I n'buvon q'di bon vin d'champaigne ;
I s'ouédon bin d'mainji dé crà.
Dàlè i couron an campégne
Po fére andiàlè lé livrà.

Ç'a ca bin pé d'zou méhe fòme
Que s'péron lè moitan di jo,
Èfin de piére è des àte òme,
È q'n'o-m' lo tan de v'piair' di to.

Ç'a mou pélé. Val eun' bocate
Que j'vo bèyan ant' no tortu,
Ca in pò d'ol' dan eun' bourate.
T'né bon, Mèrie ; ç'a po Jésu.

IX

Récit du berger Claudin

Sur l'air : *Ah! monseigneur ah! monseigneur*

DES BERGERS

Diàdin, te chanteur mou mètin !
Ouasque t'vé don, d'ouasque t'devin ?
An n't'è jèmé vu si jàyou,
Còre si fò, ni si mèt'nou.
An diro q't'é ouégni l'grò lo,
Com' que t'trime avo té sabo.

DIADIN

Ç'a lo grò lo, ica bin pu,
Que j'ai ouégni è vo tortu.
J'n'avan portan rin mi à jeu,
Pisque j'n'atan que dé pòr gueu.
J'dovin çan foué pu que j'n'èvon,
È j'méritin punition.

LES BERGERS

Val iec de mou dròl que t'no di.
Monteur don l'arjan q'té ouégni ;
È si çou que t'no conte a vré,
Béy' nos-an è chéquin not' pé.
Dan tè gran pache i n'i é-me in sou ;
Te no trompeur, ou bin t'a fou.

DIADIN

Quan v'séré çou qu'a errivé,
Ve n'diré-m' que j'vos é trompé.

Çou q'j'an ouégni cun' s'ampach' me ;
An n'lo oué-m' ni, an n'lo touch'me.
De çou que j'di v'n'i knahhé rin ;
J'vé pélé kièr ; acouté bin.

V'savé tortu que j'étandan
Lo Meussi depeu mou lontan,
Que ç'a lu q'no dò delivré
Dé mé demon è de l'anfé,
È q'no ouégn'ré lo Pèrèdi,
Se j'velan iét' de ses èmi.

Eh ! bin, 'l a v'nu à mond' paneu,
Dan eune étap', deva méneu ;
È là tolè dessu di train,
Com' lé jan q'von d'mandé zout' pain,
Jèmé je n'l'érò erknahhi,
Se in ainge ne m' l'avò di.

J'atò avo lé fe Drépé,
È j'ouédin ti troh lo tropé :
To d'in co j'oyeuhh in gran bru
Que nos apovantè tortu,
Esse i fiozar si gran kierté
Que j'é ertreuvé mo couté.

Ç'atò dé bineureu iespri
Que sàtin fù di Pèrèdi.
'l atin dé mil, dé milion
Avo dé bésse, dé violon :
Inq de zous àt' s'an v'nè d'cont'no.
Se v's avin vu com' que je trambio !

Quan i nos avé éprochi :
« Eun' doteur-me, mé chir èmi,

» Val vot' Meussi qu'a errivé :
» Allè lo vor è l'édouré.
» Mâgré qu'i n'a qu'in p'quia afan,
» Ç'a portan l'fe di to-peuhhan. »

Je coreuhh vit'man di coté
D'où q' l'ainge nos avò montré.
Ç'a dan l'étap' de chan Méthù.
Je n'fé cét' que d'an sàté fù ;
È j'y srò ca, tan q' 'l y fé bé,
Se je n' dotò-m' po lé tropé.

N'é-j'me ràhon de m'réjàyi ?
Asque j'n'ava-me essé ouégni ?
Lé pe J'ba q'nos on tan fé d'mà
Éron tojo zout' eu à chà ;
È j's'ran è zout' piéç' dan lé çù,
Se j'an tojo lè craint' de Dù.

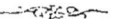

X

Alarme des bergers

A l'arrivée des rois

Sur l'air : *Il était une fille*

Èlerme ! Èlerme ! Èlerme !
Compégnon, j'son pégu.
Hây', sâvon-no bin lon tortu.
Val in moua de janderme
Que son su dé gran chouà,
Que no fron bin dé mà.

Fà ramouèné an héte
Nò berbi, nos égné,
Èfin qu'i n'sinss' me dèrobé.
I son eun' gross' brigaite ;
I n'a-m tan de rouéti ;
Fà coran no couéchi.

J' n'ata-me an tan d' guerre
Po doté lé soudér
Lé cavalyi, ni lé houzér.
Fà cròr que ç'a dé prince
Que vnon po vor l'afan
Avo torto zou jan.

J'oué Pira q'les i pèle,
Q'les y monteur l'andrò
D'où qu'è nahhi lo rò dé rò.
Lo val que les y mouéne.
Alan lé joint', Colon,
D'pu préh je lé ouéron.

T'en val inq qu'a mou nòre.
D'ouasque d'vin lo pe lè ?
Lo chir afan s'apovantrè.
'l antron dedan l'étape ;
È s'bott' an jnou tortu
Pou èdouré Jésu.

I li béyon d'lè mire,
De l'or, ica d'l'ançan.
Mé qu'as' qui fré de sfè presan ?
N'i é sùr'man di mistére,
Colon, dan torto slè.
D'mandon lo è Josè.

XI

Les bergers reçoivent les rois

Sur l'air : *Il était une fille*

UN BERGER

Èrouéte, èrouét' don, Jéque !
Èrouét' lo pe mahré
Que vin po vor lo nové-né !
Ṣ'àgnon-no, ç'a lo diàle.
Framon-li l'euhhe à né,
È n'lo làyo-me antré.

LES ROIS

Dissipez vos alarmes ;
Bergers, rassurez-vous :
Ce noir est homme comme nous.
 Nous sommes trois grands princes,
 Qui venons de bon cœur
 Adorer le Seigneur.

LES BERGERS

Que v'sinss' merqui ou prince,
V' n'ateu-m' po s'lè en drò
De fair visit' à rò dé rò.
 V' n'ateu devan ses euye
 Que dé p'quia vermeuhhé
 Com' nos àt' pèturé.

Se j'on évu l'antrée
De sé sainte màhon,
J'an on évu permission.

J'atan de lè Judée,
J'atan de ses èmi ;
Mé vo, v's ât' étraingi.

LES ROIS

Voyez-vous cette étoile ?
C'est Dieu qui l'a commis
Pour nous conduire à son logis.
   Laissez-nous donc, de grâce,
   Ah ! bergers, laissez-nous
   Voir cet enfant si doux.

LES BERGERS

Po li rant' des omége
È à poin l'èdourè,
Son catéchisse i fâ saouè.
   Fâ que j'vos instruhinsse,
   Quoique v'sinss' dé docteur,
   È no, vô serviteur.

L'afan lè q' n'é-m' dou s'maine,
Ç'a l' fe di to-peuhhan.
As'vì que lu è assi gran.
   S' l a si p'quia è si pòre,
   Ç'a qu'i l'è bin velu
   Po no sàvé tortu.

Sè mére a ca pucelle
È tojo lo seré.
So pér', ce n'am' lo vi òm' lè ;
   I n'é que Déy' po père.
   Com' lu, 'l a éternel,
   Mé sè ché a mòrtel.

Can i serè an ége,
Po chéquin i murrè ;
Èprè trô jo ressuscitrè.
V'pouvé antré estoure ;
V's ateu essè savan
Po édouré l'afan.

LES ROIS

O souverain Messie,
Seigneur du firmament,
Nous vous adorons humblement.
Agréez nos hommages,
Agréez nos présents
D'or, de myrrhe et d'encens.

XII

Dialogue des rois et des bergers

Sur l'air : *Aux eaux de Plombières*
ou : *La bonne aventure, ô gai*

LES BERGERS

Quias' çôlè q'vin vor Jésu
   Su dé deurmandére ?
'l on bin l'air de grô monsu
   Que v'on po li piére.
T'en val inq qu'a mou mahhré,
Qu'è lo né torto frélé ;
Je crô q'ç'a lo diàle,
   à gai!
Je crô q'ç'a lo diàle.

LES ROIS

Bergers, nous sommes tous trois
    De la haute Asie.
Nous cherchons le Roi des Rois,
    Le divin Messie.
En quel palais, quel château
Est né l'empereur nouveau ?
Quelle est sa demeure,
            ô gai !
Quelle est sa demeure ?

LES BERGERS

Dan in chèté, ç'a bin lu !
    Ah ! i n'pra-m' tan s'n éhe.
Pa lo tan lè 'l o to nu,
    Dan in leu bin méhe,
Antre in bù, in manre énon.
Sè mére' se hòy' Mèrion,
È Déye a so pére,
            â gai !
È Déye a so pére.

J'alan vo mouénè pàlè
    Jusque dan sè grainche.
Péro, d'mouére in pô tolè
    Avo l'gro Démainche,
Jusque tan que j'sran rev'ni,
Po panre ouéte è nô berbi,
Q'lo lou ne lé tragne,
            à gai !
Q'lo lou ne lé tragne.

LES ROIS, à Jésus

Roi de la terre et des cieux,
Vous voyez trois mages
Qui vous adressent leurs vœux
Avec leurs hommages,
Et vous offrent en présents
De la myrrhe et de l'encens,
De l'or d'Arabie,
ô gai !
De l'or d'Arabie.

XIII

La défaite de Satan

Sur l'air : *Chantez, dansez*, etc.

Chanto, danso, sàto coran,
Rèjàyov', gàhhon è bécèle ;
Mato lé pquia po dan lé gran ;
Je vé v' rèpanr' dé bonn' novéle.
Val lo Jba qu'a bin erdrassi
È sé nòr compégnon assi.

V'é lu dan lo vî testaman
Q' lo crapà que d'ziro not' rune
Anjòlè note gran-maman
È no botè dan l'infòrtune.
Val lo Jba qu'a bin erdrassi
È sé nòr compégnon assi.

S'n òme avè cét' mou pò d'ràhon
De s'vande à Diàle anca sè réce,

Po d'eun' méh' peume lo néchon !
Mérito-t-i d'àouè sè gréce ?
Val lo Jba qu'a bin erdrassi
È sé nòr compégnon assi.

L'Malin, anfié pu qu'in toné
D'les aouè fé cheur dan lo crime,
Fio jè hhafyi so gran foné
Po lé keur tojo dan l'abîme.
Mé lo val qu'a bin erdrassi,
È sé nòr compégnon assi.

I s'vantozar bin, lo bèvé,
Qu'i no frô tortu ses eskiéve,
Qu'i no tàrô, po to jèmé,
Anfarmé dan sé brulant' kéve.
Mé lo val qu'a bin erdrassi
È sé nòr compégnon assi.

Po li rèbèhhi so caquè,
Lo bon Dù savo bin què fére.
S' 'l è déhi tan, i sé porquè :
Mil an d'van lu, ç' n'a-m' eune éfére.
Val lo Jba qu'a bin erdrassi
È sé nòr compégnon assi.

'l anvouye aj'gueu, po fér' not' pé,
So chir fe, oui, so fe lu-même !
I no pardon'rè nò mefé,
Se j'l'éman astan qu'i nos éme.
Val lo Jba qu'a bin erdrassi
È sé nòr compégnon assi.

Alan lo r'meurcii tortu
De ç' qu'i vù bin s'béyi tan d'poène ;
Dàlè j'chantran com' dé pégu
A son di violon d'Antoéne :
Val lo Jba qu'a bin erdrassi
È sé nòr compégnon assi.

PATOIS DE LUNÉVILLE
XIV

Religieux, religieuses et divers corps

de métiers de Lunéville allant adorer Jésus

Boinjo dondé, mé bel afan.
Vace de mou terribe jan :
An vaç' dé nòr, an vaç' dé bian,
An vaç' dé gri, dé rouge,
Des èbiyé, d'àte é pî nu.
Lô barbe et lô frimouse
Alon fàr pou â bù.

Qui ass' vos àte bigarré ?
Ateu-ve bin intentionné,
Pou l'afàn qu'a to nové-né ?
— « Aï, je son dé moine
È bon anfan de Loyola,
È di bon Saint-Antoine.
J' n'èvo-m' teurtou tro châ ».

I se louveuh in van si grô
Que l'elmér' s'éteindeu d'in cò.
Partou de l'òle on demandò ;

In Minime an vin mate ;
'l on an èvô assé besan.
 'l an béyeu in' buratte,
 Que valô pu d'quoèt' fran.

Lé *Tiercelins,* (ç'a dé boin cœur),
D'abor qu'i savir sè demcur,
S'an vinre an vré adorateur
 Présanté zò moustéche,
Pou fâre in mét'lè è l'afan
 Qu'àtô dedan lè créche,
 Couchi bin duhheman.

Lé *Képuchin,* to morfondu,
Èvin in séch' rampyi de gru
Pou l'àn' qu'àtô to malotru ;
 I saignô è l'oròye ;
Son *régent* l'i évô tiryi.
 Ç'àtô mou gran marvòye
 Q'i n'l'i évò-me éréchi.

Lé *Cordeliers,* lé bon gàchon,
Èvin di vin dan zò fiacon,
Qu'àtô bin kièr, assé bin bon.
 Ce n'am' de lè piquate :
Bouvéz-an troh ou quoèt' bon cô,
 Vo n'éré poin de r'jatte,
 Anca q' féyiss' bin frò.

In grô *chanône,* antran dedan,
S'an fu fàr sè cour à l'afan,
Crâyan qu'on l'régalrô vit'man.
 Mà voyan lè kegine

Si frôde, i d'heuh antre sé dan :
« Vaç' in rô q'n'é lè mine
« D'èvoué traitè sovan. »

In *chanône,* in banderollé,
Evô sou chèpé bin rtapé,
Lé chavou poudré et frisé.
    Mà voyan sè figure,
Michau li d'heuh, to gromolan :
    « Matè bin vot' frisure
    « Si ve vlè vor l'afan.

Lé *Recolets,* lé hà monté,
Y on venu se présanté,
Pou êt' soudar di nové-né.
    « Nout afan a tranquil,
« Leu d'heuh Michau, Révérends pères,
    « I n'dot'-me lé péril
    « Avo sou pér', sé mére. »

Lé *Jacoubins,* q' fon lè sèvan,
Venire fàre zout' eompliman ;
N'avi-m' gran chos' pou zô présan.
    Saint-Jouseph, lou bon père,
N'atò-m' béco de los èmi.
    'l on pàlé mà d'lè mére ;
    l feuhte ranvoiyi.

Lé *Jésuite,* è zoute antré,
Tenan an main in A B C,
È Saint-Jouseph l'on présanté.
    I lé ranvoiy' còt' l'âne
Pou li recoudié zout' leçon.

Lou bon Saint, dan soun âme
S'an mouquè to de bon.

Lé *Chartreux*, qui son opulan,
Fire èpouqué in ptia présan,
Pou êt' bin vnu cot' note afan.
  « Je vo crâyo pu chiche,
« Leu d'heuh Michau, an lé râyan ;
« J' n'avom' besan d'êt' riche ;
« Rampouquè vote arjan. »

Lé *Bénédictins* èrivan
Èvin dan zout' poch' dé fuman
Pou réchâfyi lou ptia afan ;
  'l an bèyeuh' an ouffrande,
Lô demandeu lou grô Michau ;
  « J'en vourô pou mè tante
  « Qu'é fro dan sé sabo.

Lé *Prémontrés,* an bon manéye,
Antreuh èprè lé charbonnéye
È ne troubyér' me son somméye ;
  Bèyeuh de lè fèrine
Pou fàr d'lè boulie à l'afan,
  Que pouquio bin lè mine
  Que n'àtô-m oué contan.

Lé *Carmes* (ç'a dé grô trouan)
'l on vnu tro tâ pou vor l'afan ;
N'èvin q' dôze eù pou zou présan.
  'l on fà eune èmelette
Pou règalé lo bé Michau ;
  Mà, pa maleur, lè chette
  L'é gouléy' to d'in cò.

In *ermit'*, q' fàyô lou prèla,
Béyi à l'afan in mèt'la
Que vnô de chù lou màt' Girà.
  On lo trovi tro duhhe ;
On lo béyeuh à gran Coulà,
  Pou gran merci d'eun' cruche
  Q'l èvo béyi de la.

Lé *Sœurs Grises*, lé bonn' coumére,
Qu'èvin l'are de haranjére,
V'nin pou fàr lé bonne ouvriére.
  Si v's émin lé babil,
Vacc de quoi vo diverti :
  Cè fà dé lang' de drille
  Qu'on n' sérô tro pèyi.

Dé jone *èvokè*, bin pèrè,
Qu'èvin l'are bin effrontè,
E lè pôq' se son présantè.
  Michau leu d'heuh : « Mes àne,
Alé-v's an è Pont-è-Mousson.
  Ce n'a-me dan cett' cabanc
  Que v' panré vot' leçon.

In grô *mare* s'y présentèye,
Cràyan fàre in bon marchèye,
È se vantô d'èt' bon fermèye.
  « Ç' n'a-m' toceu vot' effàre,
Li d'heuh Michau, an s'an allan;
  « Ètèchi è lè tare,
  « Rematè vote arjan.

Lé *màt' de post'*, bin rèjòyi,
Fire vit' man des écuri

Pou mat' lé chouà que d'vin couri.
    I n' fà-m' tan de frèkè,
Leu d'heuh Michau, lé ranvoiyan,
    Conservè vò bidè
    Pou ços' q' pèyon contan.

In màt' d'écòle, mà pégnè,
Devan Michau s'a présentè
An velan to d'abor chantè.
    « Ç'a que v'cherchè è bouére,
« Leu d'heuh Michau, an lé r'poussan ;
    « J' n'avon q' di ju de pouére
    « Pou lé pòve pèssan. »

In grò Alman q' n'évò-m' diné
È que n'évò rin è bàfré,
Atò fàché d' s'évouè levé ;
    'l atò ca sò d'lè vòye.
Admiré don les onnét' jan.
    I fé mate lè tòye
    È gueuli sou présan.

In bé grò Suiss' se présanti
Evo dé culott' de triyi
Qu' èvin pu d'déje òn' de Pèri ;
    'l épovòtè lè troupe.
On li cràyi lo cu si grò,
    Que 'l on quitté lè soupe
    Pou rire in bon grò cò.

In téyeur è in courdogni
Que d'pe lontan courin l'péyi,
Venir tolè pou trèvèyi.

« Poin d'keuh' ni d'drè toci,
« Leu d'heuh Michau, mé bons èmi,
« Rev'lè-zan è Pèri,
« Pou y ouégni vot' vi.

Lé bonn' petit' sœur, lé trottante,
Venir èvo eun' min' riante,
Pou y fàr lé bonn' servante.
« Nout afan n'a-m' malédc,
« Leu d'heuh Michau, mé bel bâcelle ;
« J' n'avo-m' besan de r'méde
« Pou lè mér' qu'a pucelle. »

In *Bernardin,* for bin monté,
Qu'èvo l'are d'in grò èbé,
V'nin è lè pòq' po y toqué.
« Dit' no qui asque v's àte,
« Li d'heuh Michau for ardiman ;
« V'devin vnir èvo l's àte,
« È v's érin vu l'afan. »

Lé mât' d'étan, bin ébahi,
Tinre in conséy' particuyi,
Q' duri trò jò, pou fàr pèchi ;
Jetinr' pourtan zò ligne
Mâgré lè guiace è lé guiaçon.
I prenire eune anguille
Qu'èvò pu d'quinz' pi d'lon.

I vinre an joie, in bé mètin,
Dan zò béquia, an gran tréyin ;
On érò di qu'i carochin.
Michau q' voiyò zout' gite,

« Leu d'heuh to triste et an groùlan :
« Se v's èlò an Egypte,
« Vo porré vor l'afan. »

XV

Les habitants de Lunéville

Allant adorer Jésus

RÉCIT D'UN BERGER

J'àtin ondra Léômon,
'l a environ dou trò jou,
Que j'y ouéguin nô mouton
È que j'dottin bin lo lou ;
Je vih à ci in gran feuye ;
'l àtò anviron méneuye.

Je hoyeu Guiada Jaq'min
È lo fe de Chan Thiéry :
« Mâ dehé-m', rouétè l' moulin,
Lo gran feu lè qu'a ampri.
Rouétè comme celè va.
Jaq'min, ouéq' bin, je m'an va. »

Ecoutè don, qu'as' que j'ò.
Vaç' dé jan que pâle è no.
Je courrò bin, se je vlò,
As' bin que pas inq de vo.
Mâ je n' m'an veu céque èlè
Que je n' les ày' vu pèssè.

« Èn' doté-m', mé bel afan,
« Je n' vo veu pa fàr de mà ;

« Bin aleu, je vos épran
« De chanté alleluia.
« Dù a né an Béthléan ;
« Èlè-z-y to de coran. »

Canque j'euh àyi celè,
Je c'manseuh è bètt' nò main ;
Je rèmèsseuh nò hèné,
Not' froumége è ca not' pain.
Les inq se mih è fieutè,
Les àt' è rire, è sàtè.

Cè don, vite, i fà rouéti
Comman que j'an vlò usè ;
Ce n'a-m' torto qne d' fiauci
Can 'l a tan de s'an èlè.
Rèvàyon lé jan d'lè vile,
Ços' d'Méhon et d'Dehainville.

Mà si j'an èlon com' slè,
Quias' qui ouégrè nò berbi?
I s'an va. Demouér' tolè.
I s' fà hâtè, je v' lo di ;
Ca s'lo lou les ègairin,
Slè frò in mou pòr tréïn.

Nò chin, nò chin lé ouégron.
J' n'an a céque oü d'arou,
È s'il i vin dé larron,
I lé chess'ron comm' dé lou.
J' n'a-m' don besan d'en doté.
Ce n'a q' fòli d'an pàlé.

Se te vlò, te dirò meu
Que d't' éhhuri su nò chin.

Ç'a tro pràchè è méneu,
Can ce s'rô in képuchin.
Ce s'ré l'bon Dû q' lé ouégré,
È dalè val çu qu'an s'ré.

An pèssan lè pôq' Joly,
Je treveu *Franço Harman*
Qu'àtô déjà rèvàyi,
Qu'àtô dsu sè pôq' davan.
I n' sèvô è qui dmandè
Oùas' qui s'an fallô èlè.

Ho! ho! ho! *Compér' Tincelin*,
Dehè-me, ateu-v' ca chî vo ?
Pàyè vit' man lo brand'vin,
È venè-v's-an èvo no.
J'èlin vor an Béthléan
Dù qui a né mou pôr'man.

Mè foù ! Devan sè p'tit' mange
Ç'àtô in terrib' cohu.
Can ç' srô étu lé vandange,
On n'érô-m' céq' pu fà d'bru.
I dmandon torto d'où vin
Qu'on s'èvô l'vé si mètin.

Lo *Mâlé* n'àtô-m' couchi,
Esse i n'àyi rin de slè.
Canq' sàtu fieu pou pichi,
'l àyi torto lo bru lè.
Dà qu'i sévô quas' q' c'été,
I couru carionné.

Dà q' *lé chanouéne* euh èpri
Q' tortu lo mont' décampé,
'l an feuh céq' si for surpri
Q' ravàyeuh monsu l'Ebé.
Dà lo moman i coureuh
Vit'man s'né torto zò kieuche.

Còs' d' Méhon oyeuh lo bru,
San sèouè qu'asque ç'àtò.
Lo moitréq', to épagu :
« J'a vu iec dessu not' tò.
« Ç'àtòza comme in ékiar ;
« Jéma je n'a vu tel kiar. »

Torto lè jan de D'hainville,
È lé gran è lé petio,
Corinza droha lè ville
È d'mandè qu'asque c'àtò.
'l atin si for ambiautè
Qu'i heurtin de to côté.

Bin àt' chose a èrivè
È lè roù di peu-contan,
Que n'va m' lè pouén' d'an pâlè.
Ç'àtò Saint-Pire et Saint-Jean
Que s'èrèchin lé chavou
È qui s'peignin com' dé fou.

I fàyeu si frò l' mètin
Que torto àtò jalé,
Que nò cher *père Minime*
S'an treveuh amborressé.
'l avin fà provision
D'ùl, d'olive è ca d' pouhon.

Lé *Carme* àtin tortu d'bou ;
Ç'àtô in terrib' trèkè.
I n' sèvi-me où àtô l' priou ;
I corinza hà è bè.
I fà bé an tot' sàhon
Vor lo mâte è lè mâhon.

Nô bon père *Kèpuchin*
Qui n' se fom' tiri l'èràye
Se leveuh dà lo métin,
Esse èpréteuh zò sandale.
Joly s'èvò informé
Qué chemin que 'l on gardé.

Les er'ligieus' dremin s'bin,
Qu'on les é àyi ronfyi
Dan lè màhon d'Chan Thurin ;
Slè étu mou reprochi.
Jéma elle n'oyeuh rin
Que lo lendemain mètin.

Lé hheur gris' n'i peuh veni,
Pas' qu'el on tro pô d'arjan.
El n'évin rin po béyi :
'l on fà in grò bàtiman.
Ç' n' am' fàt' de bon' volonté ;
Ç' n'a que fòli d'an pâlè.

Po *lé hheur de l'opità*,
On lè do bin escusè ;
Zò malate àtin bin mà.
El ne lé poï-m' quittè ;
Ca s' l' èvin fa autreman,
'l érin trevé di chainj'man.

J' vourò que v' inss' vu *Duban*
In moman d'van que d'pèqui.
'l èvò égairè sé gan ;
Slè lo fàyò bin esti.
Ses *exploits* n'ati-m' contròlè.
'l àtò bin amborressè.

Je rettrèpeu *Baradé*
È lè mitan di chemin
Monté dessu lè grivé
Qu' èlo, mè foù, bel et bin ;
I l'èvò si bin pèrè
Que to chèquin l'èdmirè.

Si v' inss' vu *Dom'nique Henry*,
Pességi di pon de V'lé !
I n' se vlé-m' presque couchi
Po no vor torto pèssè.
Mà comme on ne li d'vò rin,
I n' rémesseu-m' gran butin.

Si v' inss' vu *Guiada Bringol*,
Mè foù, vos érin tro ri.
I r'sano in Espégnol ;
Sè pèruque n'atò-m' pégni.
An vlan sàté in ptia ru,
I chaeu to di gran d' lu.

Chan Briel feuh bin trompè,
Quan i sàteu fù d'lè ville.
A leu d'èlè è R'hainvlé,
I tireuh dro è Raville.
An pèssan pa d'su l'étan,
Il anfonceu bin avan.

4

Durafor atò davan,
Qui àtò céq' bin montè.
Ç'àtò po remè lé jan,
S'i trevò queuq' brè caissè.
Mà lo bon Dù n'é–m' velu
Qu'i n'i é céque è fàr po lu.

Inq li pouquò dé solè,
L'àt' li fàyeu dé chassatte,
È ca dé bouna piquè,
È èn' dozain' de cravatte,
È ca d' lè tôl' de coton,
Po li fàr in bon jaicson.

Il i èvò *Chantarel*,
Que tenò sè hotte à dô,
Qui èpouqueu dé rurel
È in béh dessu so cò ;
È anca *Fanchon Perrin*
Qu'a lè fòm' de son voisin.

I fàyò si mà ch'minè
(Evò slè qu'on n' voiyò gotte)
Que Fanchon n' poyò èlè;
In òm' lè pri d'su sè hotte.
Mà céq' can i vlò pessé,
l chaeu é ru d'R'hainvlé.

Èprè ç'a *Guiada Cropsal*
Qu'évò bin in gran pegni
De cogneu to fin, to chà,
Qu'i n' fàyin rin que d' tiri.
I lé vandeu céq' mou bin
É jan drohà lé chemin.

Colin Gadel, lo merchan,
Qu' émò tan de gazouyi,
Li èlan fàr compliman,
Presanteuh èn' liv' de ri.
Mà pas' q' l évò tro pàlè,
On l' fayeu vit' décampè.

Joson L'Ecrivain as' bin,
Que d' mouére è lè pòq' Canteu,
Pouqueu èn' chopin' de vin ;
I n' vlò pessé po in gueu.
'l àtò d'sè vign' de Bourò,
Qu' i cràdi vin d'antrepò.

Chadron qu' èvò in pò bu
D'heu céq' qu'i frò lo mutin.
'l atò si féchi q' rin pu
Qu'on n' s'atò-m' pri pu mètin ;
'l antreu chù Coula Maxan
È n' vlé-m' merchi pu èvan.

Màt' Denis y vo èlè
Po chanté *tamquam sponsus ;*
È canq é feuh pro d'entrè,
Mè foù, on li fremeu l'euh.
Asto q' Joseph l'èperçu,
I d'heu q' l àtò tro tà v'nu.

'l èriveu co in marchà,
Qu' èlò po èt' bin venu ;
Ç'àtò po farré lé chouà.
I n' treveu q' l'âne et lo bù.
I se ném' Chan fieu d' Mélin
Que n'ém', mè foù, lo bon vin.

Can lo mont' feuh èrivè,
I s'mih tortu è geno
Po lo bon Dû èdorè ;
Je le trevin qui tassò.
Je c'manseuh d'èn' hâte voi
È récrié : Lo rò boi.

No val don en Béthléem !
On no dmandeu d'où q' j'âtin.
« J' son d'Luéville en Lorraine,
Répondeuh *Chan Barbilin,*
D'où q' son Altesse é dmouérè,
Dvan qu'i n' s'an sòy' revalé. »

    Fin d'une grande noé de Luéville.

PATOIS DES VOSGES

ENVIRONS DE CHARMES

XVI

Les bergers, un ange et Jésus

Corè, bergé, corè tortu,
Vaci vot' sauveur qu'o venu.
    Lâyè don vò berbi,
    Vò chieuve è vò biqui,
    È botè vò casquette
    Pou li fàr lé courbette.

Beaujolè, leuf lè tête en hò
Pou voér qué voi qui li pouolò.

È fe bié-n èbaubi
De voér dò l' Pèrèdi,
To cont' l'étoil' di pôle,
In òm' q'èvò des òle.

É n'o-m' possib', d'jeu-t-e to d'svite,
Q'in aing' veneuss' fàr sè visite
È dé pòr jo comm' no,
Que n'sévo rié di to
Que les frochou d'lè brune
È lé quartiè d'lè lune.

UN ANGE

Boin jo, ç'n'o mi pou lé sévan
Que lo boin Dieu se fà ofan ;
Mà bié, en vérité,
Pou lé jo comm' vos òte,
Q'on d'lè boin' velotè
È que d'jon zut' pat'nòte.

È n'on mi pu tò oyi slè,
Q'è coeur' biè vit' se giltè.
Mà comme è vlin pèti,
È s' dejon an zu même
Q'osque j'von don offri
Au petio de Béthléme.

Lé valè tortu que coron,
Drèhò lé hày' è lé bouhhon,
Quoéri dé chaupécu,
Dé poirell, des poirotte,
Pou èmusè Jésu
Au béye è le feuhhotte.

Can 'l on èveur' piein zut' gosso,
Beaujolè d'jeu to hò : Pètio.
    È valè qu'en fleutan
    È se boton en route
    Caressant d' temps en temps
    Èn' boin' botòy' de goutte.

El èrèteur biéto lo pè
Pou oyi in àn' que guculè ;
    Mà ç'tò si doucemo
    È d'èn' maniér' si tendre
    Qu'au cœur 'l olò to dro
    So poiyi s'o défendre.

Lo cœur me crov', dejeu Blaison,-
Je son èrivè, j'o rèpon.
    Car si l'àn' chant' si bié,
    Ç'o d'Jésu lè présence
    Qu'inspire so gosiè
    De douce consonnance.

El ontreure do lò hangar.
Mà comme è fyin di tintamar,
    Joseph dejeu douç'mo :
    « Songè que mo ptio dreume ;
    « Vot bru lo rèouây'rò,
    « Car è n'o-m' su lè pieume. »

Quan el eur' défyi zut' sobo,
È coreur' bromo s'mette è jno ;
    El ètin si contan
    De voér lo rò di monde
    Qu'è fyin è chèque instan
    Dé courbatur' profonde.

Voiyan que lo divin goch'no
N'èvò seulman in màh' bouno,
    Lo sensibe Blaison,
    Déposan sè houlette,
    Jusque zo lo moton
    Li boura sè casquette.

Mà Jésu pousse in cri pointu.
Valè Blaison to morfondu.
    È roulò dé grans yeu ;
    È t'nò lè bouch' deviàte,
    È can Mari ontreu,
    È se boteu è couàte.

« Boin' fôm, que d'jeu, j'vo dmand' pardon,
« Si j'a boucanè vot' poupon.
    « Mà pou lè rèpagiè,
    « Bèyè-li dé poirotte.
    « El o minj'rò jo bié,
    « Car el son tot' molotte.

Blaison ètò to attendri.
Valé Jésu que li souri.
    È peurnò sè ptiot' main,
    Qu'èvò transpor è bàge,
    Lo caressan soudain
    An li toudian lè bàbe.

È li prometteu pouè serman
De li bèyè, can i sròò gran,
    Èn' boin' pé de biqui,
    Pou li fàr èn' kèmsole,
    È d'lè lain' de berbi
    Pou li fàr dé chaussote.

Can lé boin' jo veleur' pèti,
Jésu s'leveu pou lé béni.
È zut' béte è promi
D'abondante pâture,
É zo lo pèrèdi
Comme è zut' géniture.

PATOIS DE GÉRARDMER

XVII

Dialogue des rois et des bergers

LES BERGERS

Jéseuss' ! qui asque voci ?
Sauvo-no don tèrti
Dedo èn' couare.
S'é veno si rode toci
Je brâron gran élarme.

LES ROIS

Bergers, ne craignez donc pas,
Car nous ne voulons pas,
Sans vot' conseil,
Entrer dedans cette maison
Dans ce jour solennel.

LES BERGERS

Je cràyo bé çou q'vo d'hi.
Ç'o que s'o vni toci
Po no combotte,

Je tocherò d'si vo aussi
Eto de nò holote.

LES ROIS

Nous ne venons pas ici
Attaquer Jésus-Christ
A sa naissance ;
Nous venons tous d'un cœur soumis
Lui faire révérence.

LES BERGERS

Vo sò terti dé trolà.
Vo vni po-z ovoù d'lè chà
Dò lè bèrèque :
È senn' que vo mouèréss' de faim
E do mau d'echtoméque.

LES ROIS

Nous ne venons pas ici
Pour demander du fruit
Ni de la viande ;
Nous sommes assez bien nourris
Avecque nos amandes.

LES BERGERS

È senn' bé, o vos oyi,
S'vos ò terti dés ì,
Q'vo srò bé-n ahe
De fàre in bon r'pè de Monsi
E d'ovoù èn' soulàye.

LES ROIS.

Bergers, nous ne vous d'mandons
Ni volaill' ni v'naison.
Dans ces bocages
Nous venons pour voir l'enfançon
Et sa mère très sage.

LES BERGERS

Vo sò terti dé trouan.
Olé-z-o vit' coran
Po dzur lé hâye.
È n'i mi bso de vo mèt' nan,
Poromou q' j'on lè bouâye.

LES ROIS

Nous pouvions bien tant marcher
Pour être ainsi chassés
De cet étable.
Nous aurions certe bien resté
Dans le pays d'Arabe.

LES BERGERS

Je n'vos on mi sti coéri.
Poquè vni-vo toci
Po no distrâre ?
Lehhi è repeu l'éfan-ci ;
Vo lo féyi brâre.

LES ROIS

Bergers, ne vous fâchez pas,
Car nous ne venons pas

Pour vous déplaire.
Nous venons pour voir le poupon
Avec sa noble mère.

LES BERGERS

Sé-j' qui q'vos é rèkisè
Qu' èl i ovoù in rè
Dò neu montaines ?
Sé-j' qui que vos è èmonè
D'do neu péte goraine ?

LES ROIS

Nous somm's venus d'Orient
Suivant l'astre brillant
Qui nous éclaire.
Nous cherchons tous le roi puissant
Avec sa noble mère.

LES BERGERS

Je conto q'vo n'lo knohhi
È vau meu q'vo terti
Dsi veu gross' béte.
E n'i pouè dè pi màt' que li
È ci, ne dsi lè tére.

LES ROIS

Nous savons ses qualités.
Nous venons l'adorer
Dans cet étable ;
Laissez-nous donc bientôt entrer
Dans ce beau tabernacle.

LES BERGERS

Vo sò, mo foù, trop pressè
Vos' q'vo vlè co olè,
Q'vos ò si hàte ?
È vo fau co in peu vortè ;
Vo féyi tro lé màte.

LES ROIS

Vous êtes tous des insolents.
Laissez-nous maintenant
Un p'tit passage
Pour adorer cet enfançon
Et lui rendre un hommage.

LES BERGERS

È m' senn' bé, o vos oyi,
Qu'è vo faurè teu cohhi,
S'vo no vlè cràrc ;
Sé j'èn' sèvo voua bè pròchi,
Je n'y séró que fàre,

LES ROIS

Ne vous fàchez pas, bergers,
Nous v'nons pour adorer
Ce roi aimable,
Et non pour vous frapper
Dans ce lieu adorable.

LES BERGERS

Dos' q'vo dev'ni don terti ?
Po què o vo euhhi

De d'dò veu piaine ?
È n'ì mi bso de vo toci
Èto de veu mitaine.

LES ROIS

Nous somm's des rois d'Arabie
Qui v'nons voir le Messie
Si adorable.
Laissez-nous donc, je vous en prie,
Entrer dedans l'étable.

LES BERGERS

Qui oss' lo nôr mâtin lo?
Poquè o-t-é tolo
Èvo lés autes ?
Cè ne do mi ête in ro :
El o cét' bé tro nôre.

LES ROIS

Il est un roi étranger
Qui vient pour apporter
Son diadème
A ce puissant roi nouveau-né
Qui se donne lui-même.

LES BERGERS

Sé j'lo lèhho otrè d'do,
È faré dotè lo petio
Èco sè mère :
Joseph èn' sèré çou que ç'o,
Poromou d'sè nòr tête.

LES ROIS

Bergers, n'ayez donc pas peur,
Menez-nous à cette heure
Dans cet étable ;
Nous voulons présenter nos cœurs
A ce poupon aimable.

LES BERGERS

O n'vo pouron steu chessi.
Je n'me vouréy' mi fyi
È dé sfè dreule.
J'ém' pichi, po vo déchessi,
Vo kcupè ène aumeule.

LES ROIS

Nous n' bougerons pas d'ici
Que nous n'ayons offert
Notre tendresse
A ce poupon souvent promis,
Avecque nos richesses.

LES BERGERS

J' vourô q' vos sinss' bé lan.
Olè-z-o vit' coran
D'dò veu goraine.
Vos énòyi terti lé jan
Èto de veu trouaine.

LES ROIS

Bergers, laissez-nous entrer.
Ayez de nous pitié

Dans ces bocages.
Nous somm's de pauvres étrangers
Et aussi des rois mages.

LES BERGERS

Vo sovou mou bé prôchi,
Vos ô, j' chône, étidi
D'dò quéque èkeule.
Ç'o in gran piahi que d'oyi
Prôchi dé sfé dreule.

LES ROIS

Bergers, vous nous surprenez,
Sachant mieux répliquer
Par vot' langage
Que tous les meilleurs écoliers
Des villes et villages.

LES BERGERS

Vo n'ò mi bso d' no terri.
Sé j'son in peu grossi
Dò not' longaige.
Jé n'son céte mi dé Monsi
De dedò lé vilége.

LES ROIS

Bergers, nous n'y pensons pas.
Vous ne voyez donc pas
Notre tendresse
Pour adorer le beau poupon
Et lui fair' des caresses.

LES BERGERS

È senn' que vo sinss' dé bròv' jan.
J'vo daron to mèt'nan
In civè d'live.
J'non ré-n aute cheuse de frian ;
Vo boûrò de lè bire.

LES ROIS

Jamais nous ne mangerons
Qu'ayons vu l'enfançon
Aussi sa mère,
De même que ce beau grison
Qui s'appelle son père.

LES BERGERS

Pisque vo sò si d'imeur,
Je vo mon'ron d'bon cœur
Vò lè pucelle ;
Vo li féyi bé de l'honneur
Po èn' jèn' demoiselle.

LES ROIS

Bergers, conduisez-nous donc
Auprès de ce poupon
Sans plus attendre ;
Nous voulons lui porter nos dons
Ainsi que nos offrandes.

LES BERGERS

V's oterrò quanq vo vourò.
J'bottron d'dò veu chameau

Èto d'lou selle ;
É maingeron brômo ti trô
Èvo neu hèridelle.

LES ROIS

Nous avons offert nos dons
A ce pauvre enfançon,
Dans cet étable,
Qui se tenait sur le giron
De sa mère adorable.

LES BERGERS

J'vo demando bé pordon
D'oou prôchi d'èn' foçon
Vouète è grossire.
Ç'o q' j'èvinzeu in mâ soupçon
È q' j'èn' sévin qué q'c'ire.

LES ROIS

Nous vous remercions tous,
Et priez Dieu pour nous
Qu'il nous conduise.
Adieu, nous vous embrassons tous
D'une âme bien soumise.

LES BERGERS

Déy' vo véy' bé consolè
È vo terti rèm'nè
Dò veu provinces.
Vo sò, ti trô, dé galan rè
È dé bé è bon prince.

LES ROIS

Adieu donc, pauvres bergers,
Il nous faut tous nous quitter
Malgré nos larmes;
Il nous faut nous en retourner.
Adieu donc, bonnes âmes.

LES BERGERS

È no fà mau d'vo quittè.
Mà pisq' vo sô dé rè
È dè bon prince,
È vo fô olé gouvernè
Lé jan de veu province.

AIRS DES NOËLS.

Le 11.e Noël se chante sur l'air du 10.e

Autog. L. Christophe, Nancy.

GLOSSAIRE.

La provenance des termes est indiquée pour Gérardmer par (G.); pour Lunéville par (L.); pour les environs de Charmes par (C.); pour Metz par (M.). Quand elle n'est pas indiquée, le terme appartient généralement aux Noëls de Vic.

A

A, (j') ai.
A, (il) est.
A, à, au, aux.
Acôle, école (L.)
Acoutè, écoutez.
Afan, enfant (L.)
Agneusse, Agnès.
Ahe, aise (G.)
Ainche, ainge, ange.
Ajegueû, aujourd'hui.
Aleu, au lieu (de cela), au contraire, au lieu de.
Aleu, aller.
Alinsse, (que nous) allions.
Alan, (nous) allons.
Alè, aller.
Alman, allemand.
Alon, (ils) vont (L.)
Ambiautè, effaré.
Amborressè, embarrassé (L.)
Amonè, amené (G.)
Amou, amour.

Ampache, (il) empoche.
Amperou, empereur.
Ampri, pris (L.)
An, (nous) avons. *J'an vni, nous avons venu*, pour nous sommes venus.
Au, en.
Anca, encore (L.)
Ançan, encens.
Anconte, à côté, auprès de.
Andiâlè, endiabler.
Andro, endroit.
Anfarmé, enfermé.
Anfé, en fer.
Anflé, enflé.
Anfonceu, (il) enfonça.
Anjôlè, (il) enjôla.
Anlè, comme cela, de cette façon-là.
Ansagne, (il) enseigne.
Ansagnè, (il) enseigna.
Ante, entre.

Antouéne, Antoine.
Antreu, (il) entra (L.)
Antreuh, (ils) entrèrent (L.)
Antron. (ils) entrent.
Anvouye, (il) envoie.
Anvron, (nous) irons.
Anvyi, envoyé.
Aouè, avoir.
Aouéne, avoine.
Apoquian, (nous) apportons.
Apovante, épouvante.
Apovantè, (il) épouvanta.
Apovantré, (il s') épouvantera.
Ar, Are, air (L.)
Arâye, oreille.
Ardiman, hardiment (L.)
Arou, embarras, peine (L.)
Ass', est-ce.
Ass', Asse, Asseu, aussi.
Assi, aussi.
Astô, aussitôt.
Atan, (nous) sommes.
Atan, autant.
Ate, autre.
Ate, Ateu, Até, (vous) êtes.
Ateu, (il) fut.
Ateuh, (nous) fûmes.
Atin, (vous) étiez, (ils) étaient.
Atinzor, (nous) étions. Zor est une particule qui ajoute plus d'énergie à l'affirmation.
Atô, (il) était. *C'àtôzar*, c'était. *Zor, Zar* sont synonymes.
Atreman, autrement.
Aumeûle, aumône, un morceau de pain (Cr.)
Aute, autre (V.)
Avan, (nous) avons.
Avé, (il) eut, (vous) avez.
Aveu, avec.
Aveuh, (ils) eurent.
Avi-me, *v'n'avi-me*, vous n'avez pas, pour *avinme*.
Avo, avec.
Avô, (j') avais, (tu) avais.
Avon, (nous) avons.
Aye, (que j') aie (L.)
Ayi, entendu, (il) entendit (L.)

B

Bâbe, barbe.
Babile, babil (L.)
Bâfré, manger (L.)
Bâje, (il) baise (C.)
Bahtin, Bastien.
Bante, bande.
Baradé, nom de famille (L.)
Barbilin, nom propre (L.)
Baujolè, Beaujolais, nom d'homme.
Bé, bien; Bé-n, devant une consonne (G.)
Bè, bas (L.)
Bé, beau, Bel, devant une voyelle (L.)
Béclatte, jeune fille.
Bécèle, fille.
Bé-n, bien, voir Bé.
Béco, beaucoup.
Béh, berceau (L.)

Bel, beau, voir Bé.
Béle, belle.
Bèquià, bâteau (L.)
Béteu, bientôt (G.)
Bérbi, brebis (C.)
Bèrèque, barraque (G.)
Besan, besoin (L.)
Bésse, basse, instrument à cordes.
Bètte, battre (L.)
Bètléme, Béthléem (V.)
Beûchate, bûchette, petit éclat de bois pour tirer à la *courte-paille*.
Beune, bien, adv.
Beutin, butin.
Bévé, bavard.
Bèyan, donnons.
Béye, berceau (C.), voir Béh.
Bèye, Bèy', donne.
Bèyeu, donner; (il) donna.
Bèyeuh, (nous) donnâmes, (ils) donnèrent.
Bèyi, donné (L.)
Bèyon, (ils) donnent.
Bèy'ré, (tu) donneras.
Bian, blanc.
Bibi, nom propre.
Bidè, bidet (L.)
Bié, bien; Bié-n, devant une voyelle (C.)
Biéto, bientôt (C.)
Bigaré, d'aspect divers, de figure diverse.
Bin, bien.
Bineurou, Bineureu, bien-heureux.
Bintò, bientôt.
Biqui chevreau (C.)
Bîre bière (G.)

Blaison, Blaise (C.)
Bô, bois.
Bocate, chèvre.
Boche, bouche.
Boin, bon (L.)
Boine, bonne (C.)
Boinjo, bonjour.
Bonjo, bonjour.
Bot', (ils se) mettent.
Botè, mettez (C.); (il) mit.
Boteu, (il) mit (L.)
Boton, (ils se) mettent.
Botron, (nous) mettrons (G.)
Botôye, bouteille (C.)
Bouâye, buée, lessive (G.)
Boucanè, faire du bruit (C.) importuner quelqu'un par le bruit.
Bouére, boire (L.)
Bouhhon, buisson (C.)
Boulie, mets d'énfant.
Bouna, bonnet (L.)
Bouno, bonnet (V.)
Boura, (il) mit (V.)
Bourate, burette.
Bourète, bourrade.
Boûrô, (vous) boirez (G.)
Bourò, nom de lieu (L.)
Bouvé, buvez (L.)
Brahman, beaucoup.
Brai, (il) crie, pleure.
Braire, crier, pleurer.
Brandevin, eau-de-vie (L.)
Brâre, crier, pleurer (G.)
Brâron, (nous) crierons (G.)
Briel, nom de famille (L.)
Brigaite, brigade.
Bringol, nom de famille (L.)
Brômo, beaucoup (G. et C.)

Brôve, brave (G.)
Bru, bruit.
Brune, crépuscule du soir.
Bsan, besoin.

Bso, besoin.
Bû, bœuf.
Burate, burette (L.)
Buvon, (ils) boivent.

C

C', ce.
Ca, car (L.)
Caissè, cassé (L.)
Çan, cent.
Çan, quand.
Canteu, Chanteheux, porte à Lunéville.
Campégne, campagne.
Canque, quand.
Carioné, carillonné.
Carochin, (ils) étaient en carosse, roulaient carosse (L.)
Casi, quasi.
Câson, (ils) causent.
Catéchisse, catéchisme.
Cavalyi, cavalier.
Cè, ce, cela, ça; çà.
Celè, cela (L.)
Céte, cét', certes.
Céque, certes (L.)
Châ, viande (G.)
Châ, chaud.
Chadron, nom de famille (L.)
Chaeu, (il) tomba (L.)
Chainj'man, changement (L.)
Champaigne, champagne.
Chan, champ.
Chan, Jean.
Chanône, chanoine (L.)
Chantarel, nom de famille (L.)
Chanteur, (tu) chantes.

Chantin, (ils) chantaient.
Chanton, (ils) chantent.
Charbonéye, charbonnier (L.)
Charitâpe, charitable.
Châssate, chaussettes, (L.)
Chaupèeu, fruit de l'églantier (L.)
Chaussote, chaussettes (C.)
Chavou, cheveux (L.)
Ché, chair.
Chègrin, chagrin.
Chègriné, chagriner.
Chéhi, chargé.
Chépé, chapeau.
Chèque, chaque (C.)
Chèquin, chacun.
Cherme, charme.
Chesseron, (ils) chasseront
Chessi, chasser (G.)
Chèté, château.
Chette, chatte (L.)
Cheu, (il) tomba.
Cheur, choir, tomber.
Cheuse, chose (G.)
Chî, chez (L.) et Chû.
Chieuve, chèvre (C.)
Chin, chez (L.) *chin no,* chez nous. C'est par attraction que l'i est suivi de la nasale.
Chir, Chire, cher.
Chive, chèvre.

Ch'min, chemin.
Ch'miné, cheminer (L.)
Chône, (je) crois (G.); il me semble.
Chopinte, chopine (L.)
Chouâ, cheval, chevaux.
Chû, chez (L.)
Ci, ciel.
Cilè, celui-là.
Civè, civet.
Cmanseuh, (je) commençai, (nous) commençâmes (L),
Cô, cou.
Co, encore (G.) (L.)
Co et Cô, coup.
Çô, ceux.
Cogneu, sorte de petit gâteau (L.)
Cohe, courte, adj.
Cohhi, taire (G.)
Coéri, chercher (C.)
Colé, Colas, Nicolas.
Çôlè, ceux-là.
Coliche, nom propre, Nicolas.
Colon, nom propre, Nicolas.
Com', Come, comme; *comme que*, comme de la manière que.
Coman, comment.
Combote, combattre (G.)
Companre, comprendre.
Compégnie, compagnie.
Compégnon, compagnon.
Compièhan, complaisant.
Compièhance, complaisance.
Compyiman, compliment.
Conséye, conseil (L,)
Contan, content.
Conte, contre. *D'conte nô moutons*, contre nos moutons.

Conto, (nous) pensons, comptons (G.)
Côpè, couper.
Coran, vite (L. C. G.)
Côre, courir.
Corè, courez (C.)
Coreuh, (je) courus, (nous) courûmes (L.)
Coreure, (ils) coururent (C.)
Corée, courrier.
Corin, (ils) couraient (L.); I corinza, ils couraient.
Coron, (ils) courent.
Çou, ce, pronom.
Couare, coin (G.)
Couàte, quatre (C.)
Couchate, couchette.
Couchi, couché (L.)
Cocchi, caché.
Çou, ce (G.)
Couèri, Coiri, chercher.
Couéte, quatre (L.)
Couh'-te, tais-toi.
Coulà, Colas, Nicolas.
Coumére, commère (L.)
Courbature, courbette (L.)
Courdogni, cordonnier (L.)
Couri, courir (L.)
Courrô, (je) courrais (L.)
Cos', ceux.
Côte, contre, près de (L.)
Couté, couteau.
Coute, ècoute.
Crà, (il) croit (L.)
Crâre, croire (G.)
Crâyan, croyant (L.)
Cràyi, (il) crut (L.)
Crâyô, (je) croyais (L.)
Crâyo, (nous) croyons (G.)
Crò, (je) crois.
Cropsal, nom de famille (L.)
Cror, Crore, croire.

— 72 —

Crove, (il) crève (L.)
C'tô, c'était (C.)
Çu, ciel, cieux.

Çu, ce (L.)
Cu, cuit.

D

Dâ, dès,
Dâlé, delà, après cela, ensuite.
Dan, dent.
Dan, dans.
Dansieu, danser.
Daré, dernier.
Darére, dernière.
Dâron, (nous) donnerons (L.)
Date, dette.
Davan, devant.
D'bou, debout (L.)
D'conte, Deconte, auprès de.
Dé, des, art. devant une consonne; Dés, devant une voyelle.
Dée, Déye, Dieu.
Décampè, (il) décampait (L.)
Dèchessi, chasser (G.)
Dedò et d'dò, dans, dedans (G.)
Défyi, défait (participe) (C.)
Dehé-me, dites-moi (L.)
Déhhi, tarder.
Dehainville, nom d'un écart de Lunéville.
Dèhhondu, descendu.
Déje, dix (L.)
Dejon, (ils) disent (C.)
Delivré, délivré.
Demandeu, (il) demanda (L.)
Demandò, (on) demandait (L.)

Demon, démon.
Deni, Denis.
Depe, D'pe, Depeu, depuis.
Deug-niï, déguenillé.
Deurmandère, dromadaire.
Deva, vers, devant.
Deviâte, ouverte (C.)
Dévnè, (vous) venez (O.)
Dévneu, (vous) devenez.
Déye, Déc, Dieu.
D'handu, descendu.
D'han, (nous) disons.
D'hé, (vous) dites.
D'heuh, (il) dit. On dit aussi *Deheu.*
D'hi, (vous) dites (G.)
Di, du.
Di, dis, impér.; dit, partic.
Diâdin, Claudin, Claude.
Diâle, diable.
Diré, (vous) direz.
Dirô, (tu) dirais, (on) dirait.
Distrâre, distraire, ennuyer (G.)
Diverti, divertir (L.)
Djeu, Dejeu, (il) dit (C.)
Djon, (ils) disent (C.)
Dmandin, (ils) demandaient.
Dmandon, demandons.
Dmouére, demeure.
Dmouérè, demeurer.
Do, de (G.)
Do, (il) doit (L. G.)
Dò, dans (C. G.)

— 73 —

Dô, dos.
Domnique, Dominique.
Don, donc.
Dondé, bonjour. Abréviation de l'expression *Boinjo don Dée*, Dieu vous donne bon jour.
Dos', d'où (G.)
Dote, (il) craint (L.)
Doté, craindre.
Doteur, craignez.
Dotin, (nous) craignions (L.)
Dotô, (je) craignais.
Doù, où (L.) et d'où.
Dou, deux.
Dou, du (M.)
Doube, double, pièce d'argent.
Douç'mo, doucement (C.)
Dovan, (nous) devons.
Dovin, (nous) devions.
Dôze, douze (L.)
Dozaine, douzaine (L.)
D'pe, depuis (L.)

Drè, drap (L.)
Drèhô, parmi (C.)
Dremin, (nous) dormions.
Drèpé, nom propre.
Dreule, drôle (G.)
Dreume, (il) dort (C.)
Dro, droit.
Drohâ, par, à travers (L.)
Dsi, dessus, sur (G.)
Dsu, sur, dessus.
Dù, Dieu.
Duban, nom de famille (L.)
Duhhe, dur (L.)
Duhheman, durement (L.)
Durafor, nom propre (L.)
Duri, (il) dura (L.)
Dvan, devant.
Dvantré, tablier.
Dvin, Devin, (il) vient, (tu) viens.
Dvò, (il) devait (L.)
Dvoss'que, d'où (G.)
Dzur, sur (G.)

E

É, (j') ai, (tu) as, (il) a, (vous) avez.
È, au, en, à, prép. (G.)
Ê, il, devant une consonne; El, devant une voyelle.
Ebabyi, ébaubi, étonné.
Ebaubi, stupéfait, étonné.
Ebé, abbé.
Ebiyé, habillé (L.)
Ebouléye, éboulée.
Echtomèque, estomac (G.)
Ecôle, école (L.)

Ecouchi, accouché.
Edmiré, (il) admirait (L.)
Edourè, adorer.
Efan, enfant (G.)
Efére, affaire (L.)
Efin, afin.
Egairè, égaré (L.)
Egairin, (il) égarait (L.)
Ege, âge.
Egné, agneau.
Ehhe, aise.
Ehhieu, aisé.

— 74 —

Ėhhofyi, échauffer.
Ėhhuri, assurer (L.)
Ėkeule, école (G.)
Ėkiar, éclair (L.)
El, il devant une voyelle ; è devant une consonne (C.)
Ėlan, allant (L.)
Ėlarme, alarme (G.)
Ėlè, aller, allé, allez (L.)
Ėlerme, alarme.
Ėlermè, alarmé.
Ėlô, (il) allait (L.)
Ėlon, (ils) vont (L.)
Ėméheu, aujourd'hui.
Ėmelette, omelette (L.)
Ėmi, ami.
Émin, (vous) aimez (L.)
Ėmò, (il) aimait.
Ėmusè, amuser (C.)
Ėne, ne (négat.) par interversion. *J'èn' veu pa*, je ne veux pas.
Ėnoï, (vous) ennuyez (G.)
Ėnon, ânon.
Ėpagu, éperdu (L.)
Ėpanre, apprendre.
Ėperçcu, (il) aperçut (L.)
Ėperneu, apprenez.
Ėpouquè, apporter (L.)
Ėpouquô (il) apportait.
Ėpovôté, (il) épouvanta.
Ėpran, (j') apprends (L.)
Ėprâte, il apprête.
Ėprâte-v', (prononcez èprâteuf) apprêtez-vous.
Ėprè, après.

Ėprêteuh (ils) apprêtèrent.
Ėpri, appris (L.)
Eptan, (nous) apportons.
Eptè, apporter.
Ėrâye, oreille (L.)
Erdrassi, redressé, arrangé (sens ironique).
Ėrèchi, arraché (L.)
Ėrèchin, (ils) arrachaient (L.)
Ėrèteu, arrêter.
Ėrèteu-v', arrêtez-vous.
Ėrèteure,(ils)arrêtérent(C.)
Érin, (nous) aurions, (vous) auriez.
Ėrivè, arrivé.
Ėriveu, (il) arriva (L.)
Erjan, argent (L.)
Erknâhi, reconnu.
Erligieuse, religieuse (L.)
Ermée, armée.
Ermeurcie, (je) remercie.
Érô, (j') aurais.
Ėron, (ils) auront.
Ėrouète, regarde.
Erveninsse, (que je) revienne.
Ertonè, retourné.
Ertreuvè, retrouvé.
Eskièvè, esclave.
Espègnol, Espagnol.
Esse, Ess', et, conj.
Essé, assez.
Estatu, statue.
Esti, inquiet (L.)
Estoure, à cette heure.

— 75 —

Étan, étang.
Étandan, (nous) attendons.
Étandeu, attendez.
Étâpe, étable.
Éte, être, verbe.
Été, (il) était.
Étèchi, attaché.
Éteindeu, (il) éteignit (L.)
Étidi, étudié (G.)
Èti-me, (ils) n'étaient pas, pour *ètin-me* (L.)
Étin, (nous) étions, (ils) étaient.
Éto, avec (G) ; on y ajoute la prép. de : *Eto de no holote*, avec (de) nos houlettes.
Ètrainche, étrange, embarrassé.
Étraingi, étranger.
Étu, été (verbe).
Eu, (vous) avez ; *v'eu*, vous avez.

Euche, porte (L.)
Euh, (j') eus, (ils) eurent.
Euhhe, euh, porte.
Euhhi, sorti. G.
Eun', interversion pour *ne*; voir *ène*.
Eune, une.
Eurou, heureux.
Eurvèrance, révérance.
Euye, œil.
Éveure, (ils) eurent (C.)
Èvi-me, pour *èvin-me*, (ils n') avaient pas.
Évin, (nous) avions, vous aviez (G.) (L:)
Évô, (il) avait (V.) (L.)
Évô-me, (nous) n'avons pas (L.)
Évoi, Évouè, avoir (L.)
Évokè, avocat (L.)
Évu, eu.

F

F', pour *ve*, vous (L.)
Fà, fait (L.)
Fà, (il) faut (L.)
Fâchi, fâcher.
Fanchon, nom de femme.
Fârc, faire (M. G.)
Fârè, (il) fera (G.)
Fârè, ferrer (L.)
Fays, nom propre.
Fâyin, (ils) faisaient (L.)
Fâyeu, il fit (L.)

Fàyô, (il) faisait (L.)
Fe, (il) fut (C.)
Fe, feu ; fils.
Fè, (il) fais (tu) fais (il) fait.
Fè, Féye, fille.
Féchi, fâché (L.)
Fehtin, festin.
Fère, faire.
Fèrine, farine.
Ferméye, fermier (L.)
Feu, fe, (il) fut (L.)

Feuch et Feuh, (je) fus, (ils) furent (L.)
Feuhte, (ils) furent (L.)
Feuchotte, maillot (C.)
Feuye, feu (L.)
Févate, févotte.
Fèyè, (vous) faites (G.)
Fèyi, (vous) faites (G.)
Féyisse, (qu'il) fasse (L.)
Fian, faisons.
Fiacon, flacon (L.)
Fiauci, siffler, flûter (L.)
Fiè, (vous) faites; (il) fit.
Fieu, dehors (L.)
Fieu, fils (L.)
Fieutan, flûtant (C.)
Fieutè, flûter (L.)
Fiô, (il) faisait.
Fire, (ils) firent (L.)
Fô, fort.
Fô, (il) faut.
Fôchi, fâché (L.)
Foçon, façon (G.)
Fôme, pour *fon-me*, (ils ne) font pas.
Fôme, femme.
Fon, (ils) font.
Foné, fourneau.
Fôr, fort, adv. (L.)
Fòrtuné, fortuné.

Foû, foi: *mè foû*, ma foi! (L.)
Foué, fois.
Fouyate, petite feuille.
Fouin, (nous) fûmes, *je fouinzar* (Voir *Zar*.)
Frah, frais, fraîchement.
Framon, fermons.
Franço, François, nom d'homme.
Fré, (il) fera.
Frèkè, fracas (L.)
Frélè, écrasé.
Fremeu, (il) ferma (L.)
Freu, froid.
Freu, (tu) ferais.
Fri, *ma fri*, ma foi.
Frian, friand (G.)
Frimouse, figure (L.)
Frô, (il) ferait (L.)
Fro, froid.
Frochou, fraîcheur (C.)
Frôde, froide (L.)
Fron, (ils) feront.
Froumége, fromage (L.)
Fti, foutu, fait.
Fu (il) alla (L.)
Fû, feu, subst.
Fû, hors.
Fuman, charbon (L.)
Fyi, fier, verbe (G.)
Fyin, (ils) faisaient. (C.)

G

Gabriéle, Gabriel.
Gâchon, garçon (L.)
Gadel, nom propre (L.)
Gahhon, garçon.
Gan, gants.
Gardé, garder, suivre (un chemin) (L.)
Gazouyi, gazouiller, bavarder (L.)
Géniture, descendants, enfants (C.)
Geno, genoux (L.)
Giltè (se), se gileter, s'habiller.

— 77 —

Girâ, Gérard (L.)
Gite, manière d'être (L.)
Goch'no, garçon (C.)
Golan, galant, honnête (G.)
Goraine, fondrière, lieu difficile.
Gôsiè, gosier (C.)
Gosso, gousset (C.)
Gotte, goutte (L.)
Gouléye, avalé (L.)
Gran, grand. *To di gran d'lu*, tout de son long (L.)
Grainche, grange.

Gréce, grâce.
Grivé, nom d'une jument (L.) couleur gris cendré.
Grô, gros.
Gromolan, grondant.
Grôssi, fém. Grossire, grossier (G.)
Groulan, grondant.
Gru, avoine (L.)
Gueuli, (il) avala (L.)
Guiace, glace (L.)
Guiaçon, glaçon (L.)
Guiada, Claude.

H

Hâ, haut.
Hai, interjection pour appeler.
Hâte, haute (voir *hâ*).
Hây', va, interj. pour exciter à marcher.
Hâye, bois (G.) et haie.
Hégué, berger.
Héné, effets, affaires (L.)
Héte, hâte ; hâtez.
Héteu, hâtez : *héteu-ve*, hâtez-vous.
Hétré, (tu) hâteras.
Hhâfi, Hhafyi, chauffé.
Hheur, sœur (L.)

Hheure ou Cheure, suivre.
Heurtin, (ils) heurtaient (L.)
Hèridelle, haridelle (G.)
Hézér, hasard.
Hô, haut.
Hodèe, fatigué.
Hôdi, hardi (G.)
Holote, houlette (G.)
Hontou, honteux.
Hontouz', honteuse.
Hhoû, essuie.
Houzér, hussard.
Hôye, (il) nomme, (il) appelle.
Hoyeu (j') appelai (L.)

I

I, il.
I, (il) est (G.)
I, y (adv.)
I, œuf (G.)
Ica, encore (M.)
Iec, quelque chose.

Ienne, une.
Iesprit, esprit.
Iéte, être.
Icu, œuf.
Impôte, importe.
Imeur, humeur (G.)

In, Ine, un, une.
Inq, quelqu'un, un.
Insse, (que vous) ayez (L.)
Instruhinsse, (que j') instruise.
Ire, était (G.): *Çou q'c' ire,* ce que c'était.

J

Ja, déjà.
Jacoubin, Jacobin (L.)
Jaicson, jaquette (L.)
Jâlè, gelé.
Jan, gens.
Janderme, gendarme.
Janpire, Jean-Pierre.
Janti, gentil.
Jaq'main, Jacquemin.
Jâyou, joyeux.
Jba, satan, le démon.
Jè, déjà.
Jèmâ, jamais.
Jcmé et Jèmé, jamais.
Jènne, jeune (G.)
Jéque, Jacques
Jéseuss' Jésus (C.)
Jésu, Jésus.
Jètinre, (ils) jetèrent (L.)
Jeun'lére, geline, poule.
Jnou, genou.
Jo, déjà (C.)
Jo, gens (C.)
Jo, jour.
Jointe, joindre.
Joly, nom d'une porte de Lunéville.
Jone, jeune (L.)
Jorde, nom propre.
Josè, Joseph.
Joson, Joseph.
Jou, joue (verbe).
Jôye, joie.
Ju, jus (L.)
Jûnan, (nous) jeunons.

K

Kegine, cuisine (L.)
Kèpuchin, capucin (L.)
Keuh, cuir (L.)
Keun'hé, nom propre.
Keûpè, couper (G.)
Keur, cuire.
Kèmsole, camisole (C.)
Kéve, cave.
Kiar, clarté (L.)
Kié, Kier, clair (L.)
Kiertè, clarté (L.)
Kieuche et Kieuh, cloche.
Knâhè, (vous) connaissez.
Knôhhè et Knôhhi, (vous) connaissez (G.)

L

'L, il, ils, devant une voyelle, *'l a,* il a; *'l on,* ils ont.
Lâ, les (C.)
Lâ, lait (L.)

— 79 —

Laicé, lait.
Lan, loin (G.)
Land'main, lendemain.
Lâyan, (nous) laissons.
Lâyè, laisser; laissez.
Lâyi, laissé.
Lâyo, laissons.
Lé, les, devant une consonne.
Les, les, devant une voyelle.
Lè, la, art.
Lè, là, adv.
Lècrivain, nom d'homme.
Lèhhan, laissons.
Lèhhi, laissez (G.)
Lèhho, (nous) laissons (G.)
Léomon, Léomont, petite montagne à 5 kil. de Lunéville, où il avait une cense du même nom.
Lerme, larme.
Leyeu, (il) leva (C.)
Leveuh, (ils se) levèrent (L.)

Lèvrâ, lièvre, levraut.
Leû, lieu.
Leu, leur, à eux.
Leûf, lève, pour *leuve* (C).
Li, lui, à lui.
Live, livre.
Lîve, lièvre (G.)
Lmére, lumière, *lè lmére* (L.)
Lo, le, pron. et article.
Lo, lot.
Lo, là (G.)
Lô, leur (L.)
Lon, loin.
Longaige, langage (G.)
Lontan, longtemps.
Lou, le, art.
Lou, loup.
Lu, lui.
Luéville, Lunéville.
L'vè, levé (L.)

M

Mâ, mais (M. G.)
Mâ, mauvais (G.)
Mà, mal, maux; mal, adv.
Ma, mets (verbe).
Mâdi, maudit.
Mâgré, malgré (L.)
Mâhe, mauvais (C.)
Mâhon, maison.
Mahré, machuré, barbouillé.
Mainjan, mangeons.
Mainjeron, (ils) mangeront (G.)
Mainji, manger.
Mainjrô, (il) mangerait (C.)
Maique, seulement.

Malate, malade (L.)
Malé, nom d'homme (L.)
Maléde, malade (L.)
Manéye, garçon, serviteur (L.)
Mange, étable, cabane (L.)
Manre, moindre, fort petit, mauvais.
Mantréye, menterie.
Mâqué, quand (G.)
Mare, fermier (L.)
Marchéye, marché (L.)
Marchâ, maréchal-ferrant (L.)
Marvôye, merveille (L.)
Mate, mettre.

Mâte, maître (G.) (L.)
Matè, mettez (L.)
Mâtin, gros chien, nom injurieux.
Mato, mettons.
Maton, (ils) mettent.
Mau, mal, subst. (G.)
Maucontante, mécontente.
Maxan, nom de famille (L.)
Mayè, nom de lieu.
Mayou, meilleur.
Mé, mieux (G.)
Mé, jardin.
Mé, mais.
Mé, méchant.
Mè, ma.
Me, moi. *Epeurneu-me*, apprenez-moi.
Me, pas, négation qui suit le verbe et s'appuie sur lui.
Méhe, méchant, mauvais.
Mélin, nom de famille (L.)
Méhon, cense érigée en fief en 1598; un des écarts de Lunéville.
Méneu, Méneuye, minuit (L.)
Méprihe, (ils) méprisent.
Méque, seulement.
Mercha, Merchan, marchand (L.)
Merchèye, marché (L.)
Merchi, marcher (L.)
Merchinsse, (que nous) marchions.
Mère, mère (L.)
Merguite, Marguerite.
Mèrie, Marie.
Mèrion, Marie.
Méritin, (nous) méritions.
Méritô, (il) méritait.

Merqui, marquis.
Mertin, martin.
Méte, maître.
Mètin, matin.
Mètlè, matelas.
Mètnan, maintenant (G.)
Mètnou, matineux.
Métu, Mathieu.
Meu, mieux.
Meuchan, méchant.
Meûchate, mouchette.
Meurci, merci.
Meufé, méfait.
Meussie, Messie.
Mi, pas, nég. (G. L.)
Mi, mis.
Miate, miette. *Ètandeu-me eune miate*; attendez-moi une *miette* (de temps), pour dire *un peu*.
Mih, (ils se) mirent (L.)
Mire, myrrhe.
Misèrâpe, misérable.
Mitaine, sorte de gants; cérémonie (G.)
Mitan, milieu (L.)
Mo, ma; employé seulement dans *mo foû*, ma foi (G.)
Moitan, milieu, moitié.
Moitréq, le chef d'une ferme, d'une cense.
Molote, molle.
Moncron, (nous) mènerons (G.)
Monsi, monsieur (G.)
Monsieu, messieurs.
Monsû, monsieur (L.)
Montaine, montagne (G.)
Monte, monde.
Monteur, montre, verbe.

Mòrc, moindre, tout petit, pauvre.
Môrtel, mortel.
Mosqué, comment (G.)
Mote, mot', mettre (C.)
Moton, menton (C.)
Mou, beaucoup, fort.
Mouà, tas.
Mouéne (il) mène.
Mouéné, mener.

Mouénin, (ils) menaient.
Mouénon, (ils) mènent.
Mouèrésse, (que vous) mouriez (G.)
Mouquè, (il s'en) moquait (L.)
Mouqueu, (il s'en) moqua.
Moustèche, moustache (L.)
Murré, (il) mourra.

N

N', pour *il*, *'l*. *N'y è sûrman*, il y a sûrement. *I-n y fé chau*, il y fait chaud.
Nahhé, (vous) naissez.
Nahhi, né.
Né, nez.
Néchon, trognon.
Néme, (il se) nomme (L.)
Neu, nos, adj. poss. (G.)

Nitrouse, mendiante.
No, nous (G. M.). Nos, devant une voyelle.
Nô, nos.
Nôre, nôr, noir (G.)
Note, notre.
Noute, notre (L.)
Nové, nouveau.
Novéle, nouvelle.

O

O, (il) est (C. G.)
O, en, adv., et pron.
O, (il) est (C.)
O, (j') entends (L.)
O, (vous) avez.
Ofan, enfant (C.)
Ofri, offrir (C.)
Oï, entendu (V.)
Ole, huile.
Olé, aller, allez (G.)
Olô, (il) allait (C.)
Ome, homme.
Omége, hommage.
On, (nous) avons. La nasalité disparait devant *me*, pas : *j' n'o-me ràhon*, nous n'avons pas raison.
Il en est de même dans *étime*, *évî-me*; voir ces mots.
On, au, sur le.
Ondra, auprès de (L.)
One, aune.
Onéte, honnête.
Ontreu, (il) entra (C.)
Ontreure, (ils) entrèrent (C.)
Opitâ, hôpital (L.)
Ooù, avoir (G.)
Oròye, oreille (L.)
Osan, (nous) osons.

Osínsse, (pour que nous) osions.
Oss', est-ce (C.)
Ote, autre.
Otrè, entrer (G.)
Oterrô, (vous) entrerez (G.)
Ou, au.
Oü, eu (L.)
Ouâdesse, (qu'il) garde (subj.)
Oué, Ouai, guère.
Ouè, (je) vois; (il) voit.
Ouédin (nous) gardions.
Ouédon (nous) gardons; (ils) gardent.
Ouégni, gagner (L.), gagne.
Ouégn'ré, (il) gagnera.
Ouégré, (il) gardera.
Ouégron (ils) garderont.
Ouéguè, garder.
Ouéguin, (nous) gardions.
Ouéque, (il) garde (L.)
Ouéron (nous) verrons.
Ouéte, garde.
Ouéyan, (nous) voyons.
Oufrande, offrande (L.)
Ouss', où.
Ouvrége. ouvrage.
Ovoù, avoir (G.) voir *oòù*.
Oye, (j') entends, (tu) entends.
Oyeuh, (j') entendis, (ils) entendirent (L.)
Oyi, entendu (G.) (C.)

P

Pá, par.
Pâche, poche.
Pâle, poêle.
Pâle, (ils) parlent.
Pâlè, par là.
Pâneu, nuit ; nuitamment.
Panré, (il) prendra ; vous prendrez.
Pardoninsse, (que nous) pardonnions.
Particuyi, particulier (L.)
Pâtenôte, pâtenôtre.
Pe, laid.
Pé, pire, pis.
Pé, (tu) perds.
Pé, une paire (V.)
Pé, part, portion.
Pè, un pas (C.)
Pechi, pêcher (L.)
Pégu, perdu.
Pegni, panier.
Pégnin (ils se) peignaient, se tiraient les cheveux, se battaient.
Pélè, parler.
Pélrai, (je) parlerai.
Péqui, partir (L.)
Péqueu, trou.
Pequiate, petite.
Pèrè, paré (L.)
Pèrèdi, paradis.
Per, par. *To per te* (tout pour toi) tout seul.
Pèri, Paris (L.)
Pèrin, Perrin.
Pèrique, perruque ; terme injurieux.
Pèron (ils se) parent.
Pessan, passant (part). (L.)
Pessègi, péager, gardien du passage.
Péte, laide, sale (G.)

— 83 —

Pèti, partir (C.)
Petio, petit (C.), ou *ptio*.
Pètio, partons (C.)
Pèturé, pastoureau.
Peû, puits. Rue du puits-content, à Lunéville.
Peuh (ils) purent (L.)
Peuhhan, puissant.
Peuni, punir.
Peuvè (vous) pouvez.
Pèyè, payez (L.)
Pèyi, payer (L.)
Pèyi, pays.
Pèyon (ils) paient (L.)
Pi, plus (G.)
Pi, pied.
Pia, plat, simple.
Piain, plein.
Piainte, plaindre.
Pichi, mieux (G.)
Pichi, pisser (L.)
Piéhi, plaisir.
Piéce, place.
Piéne, plaine (G.)
Piére, plaire.
Pieume, plume (C.)
Pihhi, Pichi, préféré (G.)
Pira, Pierre, Pierrot.
Pire, Pierre, nom propre.
Pisque, puisque.
Po, pour (L. G.); po-z, devant une voyelle (G.)
Po, (il) peut.
Pô, peu.
Poigni, poignée.
Poï-me, (ils ne) pouvaient pas, pour poïn-me.
Poin, point. A *poin*, tout à fait, convenablement.
Pointu, aigu. Cri pointu (C.)

Poirelle, petite poire sauvage (V.)
Poirotte, petite poire (C.)
Poiyi, pouvoir (C.)
Ponu, pondu.
Pôque, porte (L.)
Poquè, porter.
Poquè, pourquoi (G.)
Poquian, portons.
Pordon, pardon (G.)
Pôre, pauvre.
Poré, (vous) pourrez (L.)
Pôrman, pauvrement.
Poromou que, parce que (G.)
Portan, pourtant.
Porquè, pourquoi.
Possibe, possible (C.)
Pota, petit pot, pot.
Pou, pour (V. L.)
Pouè, point (nég.) (G.)
Pouè, par (V.)
Pouéne, peine.
Pouére, poire (L.)
Pouhhon, poisson (L.)
Pouôlô, (il) parlait (C.)
Poupon, enfant, en parlant de Jésus (C.)
Pouquieu, (il) apporta (L.)
Pouquiô et Pouquô, (il) portait (L.)
Pouré-t', pourras-tu.
Pouron, (ils) pourront (G.)
Pouyate, poule, poulette.
Pquia, Pquiate, petite.
Prâché, parler, prêcher (L.)
Prâ-me, pour *pran-me*, (il ne) prend pas.
Prâte, prête.
Préh, près.
Preméye, premier.
Premi, promis.

Prenire, (ils) prirent (L.)
Prenô, (il) prenait (C.)
Presan, présent, offrande.
Présanti, (il se) présenta (L.)
Pressè, pressé (G.)
Priou, prieur, supérieur d'un couvent.
Prieuh, (nous) priâmes.
Pro, prêt (G.)
Pro, près.

Prôchi, parler (G.)
Proufécie, prophétie.
Prometteu, (il) promit (V.)
Ptio, Ptiote, petit, petite.
P'tite, petite.
Pu, puis, adv.
Pu, plus, adv.
Pucelle, vierge.
Pucin, poussin, petit poulet.

Q

Q', que.
Quan, quand.
Quanque, quand (G.)
Quartiè, quartier.
Que, qui (L.)
Qué, qui (G.)
Què, quoi.

Quéque, quelque.
Quiasque, qui est-ce qui; se prononce en deux syllabes.
Quique, qui (interrog.) (G.)
Quittè, quitter.
Quitteu, (il) quitta (L.)

R

Râhon, raison.
Ramouènè, ramener.
Rampouquè, remporter.
Rampyi, rempli (L.)
Ran, (il) rend.
Ranmouènon, ramenons.
Rante, rendre.
Ranvoyi, renvoyé (L.)
Rapoutè, rapporter, raconter.
Ravàyeuh, (ils) réveillèrent.
Ravâyi, réveillé (L.)
Ravâyo, réveillons (L.)
Râyan, raillant.
R'bèyi, rendre,
R'conahhon, (nous) reconnaissons.
Ré, rien (G.)

Rè et Ro, roi (G.)
Rèchâfyi, réchauffer (L.)
Rèch'tè, racheter.
Recoudiè, apprendre, enseigner (L.)
Rècreure, accroire.
Rècriè, crier (L.)
Règalrô, (il) régalerait (L.)
Réjan, conducteur (régent) (L.)
Rejate, aigreur d'estomac, haut-le-cœur (L.)
Rejâyi, réjouir.
Rejôyi, réjoui (L.)
Rékisè, faire connaître (G.)
Rematè, remettez, reprenez (L.)
Remè, guérir (L.)

Rèmesseu, (il) ramassa (L.)
Rèmesseuh, (je) ramassai (L.)
Rèm'nè, ramener (G.)
Rèouây'rô, (il) réveillerait (C.)
Rèpagiè, apaiser (C.)
Rèpanre, apprendre.
  epeu, repos (G.)
Rèpon, (je) réponds.
Rètrèpè, rattrapper.
Rètrèpeu, (je) rattrapai (L.)
Rètrihhieu, retrousser.
Revalè, descendu (dans la tombe), mort (L.)
Rèvâye, réveille.
Rèvâyè, réveillé.
Revlè, retournez (L.)
Revni, revenu.
R'hainvlé, Rehainviller, village sur la Meurthe, près de Lunéville.
Ri, riz.
Richér, richard.
Ridiâ, rideau.

Riè, rien (C.)
Rin, rien.
R'jâï, réjouir.
R'luhan, reluisant, brillant.
Rô, roi; Ro, à Gérardmer.
Roblian, oublions.
Rocha, habit.
Rode, rendre.
Roù, rue (L.)
Rouété, regarder.
Rouéto-m', (ils ne) regardent pas.
Rouétreu, (tu) regarderais.
Rouétyi, regarder (L.)
Roufyi, ronflé (L.)
Roulô, (il) roulait (C.)
R'pè, repas (G.)
R'poussan, repoussant.
R'prochi, reproché (L.)
R'sânô, (il) ressemblait (L.)
R'tapè, retapé (L.)
R'teni, retenu.
Ru, ruisseau (L.)
Rurel, langes (L.)

S

S', se, pronom; si, conj.
Sâgnon, signons, faisons le signe de la croix.
Sâhon, saison (L.)
Saignô, (il) saignait (L.)
Salu, salut.
San, sans.
Saouè, savoir.
Sâtè, sortir.
Sâtè, sauter (L.)
Sâtin, (ils) sortaient.
Satisfèyon, satisfaisons.
Sàtu, (il) sortit.

Sauvo, sauvons (-nous) (G.)
Sâvan, sauvons.
Sâvè, sauver.
Savè, (vous) savez.
Savire, (ils) surent (L.)
Savô, (il) savait.
Sàvou, sauveur.
Se, s', se, pronom; si, conj.
Sé, (je) sais (G. V.)
Sè, sa.
Sèche, sac (L.)
Senne, (il) semble (G.)
Seré, Sré, (il) sera.

Séré, vous saurez; (il) saura (G.)
Sérô, (nous) saurions (G.)
Sereu, je serais.
Seron, (ils) seront.
Seulmo, seulement.
Sèvan, savant (C.)
Séveu, (tu) savais.
Sévi-me, pour *sévin-me*, (ils ne) savaient pas (L.)
Sévin, (nous) savions (G.)
Sévo, (nous) savons (G.); (ils) savent (V.)
Sfè, pareil, tel.
Si, se (G.)
Sinsse, (que vous) soyez, (qu'ils) soient.
Slè, cela.
Sléhé, cerisier.
Smaine, semaine.
Snè, sonner (L.)
So, son.
Sô, sans (C.)
Sô, (vous) êtes (G.)
Sô, soul (L.)
Sobo, sabot.
Soméye, sommeil (L.)
Son, (nous) sommes (L. G.)
Son, (ils) sont.
Soou, (vous) savez (G.)
Sou, son (L.); voir *Soun*.
Soudér, soldat.
Soufreu, (il) souffrait.
Soufri, souffrir.
Soulàye, soulée, rassasiement (G.)
Soun, son. au masc. devant une voyelle (L.)
Sovan, souvent (L.)
Sovou, (vous) savez (G.) V. Soou.
Sran, nous serons.
Sré, (tu) seras, (il) sera, (vous) serez.
Srin, (ils) seraient.
Srô, (il) serait, (nous) serions, (vous) seriez.
Steu, peut-être (G.)
Sti, été (verbe) (G.)
Su, sur, prép.
Su, (je) suis.
Supoquiè, supporter.
Sûrman, sûrement.
Surtou, surtou.
Svite, *to d'svite*, tout de suite (C.)

T

T', te, tu; il est explétif dans *t'en val inq*, en voilà un.
Tair, tard.
Tan, temps.
Tan, tant.
Tan que, jusqu'au moment où (L.)
Taquè, frapper (à une porte) (L.)
Tar, voir *Zar*.
Tare, terre.
Tàssô, (il) tettait (L.)
Tàye, table.
Te, t', te, tu.
Tèle, table (L.)
Tenè, (il) tenait.
Tére, terre (G.)
Tèri, contrarier (G.)
Tèribe, terrible.
Terti, tous (G.)

Teù, bientôt (G.)
Teûne, tourne.
Teurtou, tous.
Tèyeur, tailleur (L.)
Thurin, nom d'homme.
Ti, tous, ne s'emploie que dans cette expression *ti troh,* tous trois.
Tincelin, nom d'homme (L.)
Tinre, (ils) tinrent (L.)
Tirè, tiré.
Tirré, (ll) tirera.
Tnè, tenez.
Tnô, (il) tenait (C.)
To, tout.
To, (il) tient.
Tô, était. Ç'tô, c'était (C.)
Tô, toit.
Tô, tôt, adv. (C.)
Toce, Toceu, ici.
Tocherô, (nous) frapperons (G.)
Tochi, toucher, frapper (G.)
Toci, ici (L. G.)
Tôle, toile (L.)
Tolè, là.
Tolo, là (G.)
Tojo, toujours.
Tôr, tort.
Torto, tout.
Tortu, tous.
Tou, tout.
Toudian, tordant (C.)
Tôye, table (L.)

Trabouchi, trébucher.
Tragne, (il) étrangle.
Trâgneusse (qu'il) étrangle.
Train, paille.
Trambyo, (nous) tremblions.
Trambye, (je) tremble.
Tréïn, train (L.)
Trèkè, tracas (L.)
Treuvarin, (nous) trouverions.
Treuvè, trouvé (L.)
Treuveu, (il) trouva (L.)
Treuveuh, (ils) trouvèrent (L.), (nous) trouvâmes.
Treuvin (nous) trouvâmes (L.)
Treuvô, (je) trouvais, (il) trouvait (L.)
Trèvèyè, travaillé (L.)
Trimè, courir en se fatiguant.
Triyi, rayé (L.), en parlant d'étoffe.
Tro, trop.
Trô, Trôh, trois.
Trompeur (tu) trompes.
Tropé, troupeau.
Trolâ, bavard, hableur (G.)
Trou, trop (L.)
Trouaine, sornettes, cancans (G.)
Trouan, paresseux, mendiant.
Troubyère, (ils) troublèrent (L.)

U

U, œuf.

Ule, huile (L.)

V

V', vous, voir ve.
Vâ, (il) vaut (L.)
Vace, Vaç', voici (L.)
Val, voilà.
Valô, (il) valait (L.)
Van, et Va, vent (L.)
Vandeu, (il) vendit (L.)
Vantô, (il) vantait (L.)
Vau, (il) vaut (G.)
Ve, v', vous ; on dit v's devant une voyelle, en faisant sonner l's comme z.
Vé, (je) vas, (tu) vas, (il) va.
Vé, venu.
Velan, (nous) voulons.
Veleure, (ils) voulurent (C.)
Velotè, volonté (C.)
Velu, V'lu, voulu.
Vena, Vna, viens (G.)
Venir, (ils) vinrent (L.)
Vermeuhhé, vermisseau.
Veu, vos (adj. poss.) (G.)
Veur, Veure, voir.
Véye, veille (L.)
Véye, veuille (G.)
Vi, vie.
Vi, vieux.
Vicmo, vitement (G.)
Vieu-t', veux-tu.
Vîh, (nous) vîmes (L.)
Vilége, village.
Vin, (il) vient.
Vit'man, vitement (L.)
Vlin, (ils) voulaient (C.)
Vlan, voulant (L.)
Vlé, (il) voulut (L.)
Vlé, Le Viller, village, faubourg de Lunéville.
Vlé, (vous) voulez (G.)
Vlo, (ils) veulent (G.), (nous) voulons (G.)
Vlu, voulu.
Vnan, (nous) venons.
Vnè, (il) vint.
Vneusse, (qu'il) vienne (C.)
Vni, venu, (vous) venez (C.)
Vno, (ils) viennent (G.)
Vnon, (nous) venons ; (ils) viennent.
Vo, vous ; vos devant une voyelle (G.)
Vore, vore, voir.
Voi, voix.
Vouéte, laid, laide (G.)
Voiyô, (il) voyait (L.)
Volô, (je) voulais.
Vortè, attendre (G.)
Vos'que, où (interr.) (G.)
Vote, vot', votre (C.)
Voua, guère (G.)
Vouér, voir (V. L.)
Vouréye, (je) voudrais (G.)
Vourô, (je) voudrais (L.) ; (nous) voudrions (G.) vous voudrez (G.)
Vouro-me, pour vouron-me, (ils ne) voudront pas.
Voute, votre (L.)
Vôye, (la) veille.
Vré, (tu) iras.
Vré, vrai.
V's, vous. Voir ve.
Vù, il veut (L.)

Z

Zar, particule enclitique qui s'ajoute aux imparfaits des verbes et qui donne plus de force à l'affirmation. On dit aussi *za, zor, zo* et *tar, tor;* zeu, à Gérardmer.

Zeu, même particule que Zar (G.)

Zo, sur (V,)
Zô, eux, leur (pron.) (C. L.)
Zou, Zoute, leur (adj.)
Zous, eux.
Zu, eux (V.) ; leur (G.)
Zute, leur (adj.) (C).

NOTA. Nous avons dit en tête des Noëls, à l'occasion de l'orthographe patoise, que toutes les lettres se prononcent ; c'est particulièrement des consonnes que nous parlions. Il doit être entendu que dans certaines diphthongues, comme *ou, oi, au, eu, ai,* la prononciation est la même qu'en français. Une erreur involontaire nous a fait dire que la lettre *ô* représente un son intermédiaire entre l'*a* et l'*o ;* c'est la lettre *ò*, surmontée de l'accent grave.

OUVRAGES DU MÊME AUTEUR.

COUP D'OEIL SUR LES PATOIS VOSGIENS, par L. Jouve, 1 vol. in-12, 1864. (Epuisé.)

NOELS PATOIS ANCIENS ET NOUVEAUX, chantés dans la Meurthe et dans les Vosges, recueillis, publiés et annotés par L. Jouve, 1 vol. 12, 1864. Paris, Firmin Didot, 35, rue Jacob.

CHANSON EN PATOIS VOSGIEN, recueillie et annotée par L. Jouve, avec la musique, chez le même. (Epuisée.)

JEANNE DARC, drame historique en dix tableaux, par Louis Jouve et Henri Cozic, 1 vol. in-12, 1857.

LETTRES VOSGIENNES, publiées par Louis Jouve, 1 vol. in-16, 1866. Epinal, Valentin, libraire.

EPITRE EN PATOIS, adressée par les habitants de Gérardmer à S. Exc. le Ministre de l'Intérieur, en 1809, composée par M. Pottier, curé de cette commune; avec une notice, une traduction littérale et des notes, par Louis Jouve. Brochure in-12 de 25 pages.

BIBLIOGRAPHIE DU PATOIS LORRAIN, par Louis Jouve, brochure in-8º de 30 pages.

Pour paraître prochainement :

ABRÉGÉ de la propriété des bains de Plommieres, extrait des trois livres latins de I. Le Bon, Hétropolitain. In-16. Paris, 1576. Nouvelle édition, avec notes.

RECUEIL DE poésies, chansons, contes et joyeux devis en patois vosgien, 1 vol.

BIBLIOGRAPHIE HYDROLOGIQUE du département des Vosges.

NANCY, IMPRIMERIE DE A. LEPAGE, GRANDE-RUE, 14.

www.ingramcontent.com/pod-product-compliance
Lightning Source LLC
LaVergne TN
LVHW052103090426
835512LV00035B/959